Lösungsheft

J. W. Goethe **Iphigenie auf Tauris**

STARK

Lösungsvorschläge

M 1 Den Eingangsmonolog untersuchen

1 Das Schauspiel beginnt ca. 10–15 Jahre nach der Opferung Iphigenies (10 Jahre dauerte der Trojanische Krieg). Iphigenie befindet sich seitdem in der Fremde (im Hain vor dem Dianatempel in Tauris, vgl. V. 2). Es ist ein Ort, an dem sie sich nicht heimisch fühlt (V. 4: „noch jetzt mit schauderndem Gefühl"). Die Königstochter dient der Göttin als Priesterin (vgl. V. 35 f.).

2 Gefühle Iphigenies
In dem Hain der Diana empfindet Iphigenie immer noch Furcht (vgl. V. 4), sie fühlt sich dort „fremd" (vgl. V. 9) und sieht ihr Leben in Tauris als „zweiten Tod" (V. 53) an, nachdem Diana sie vor dem Opfertod gerettet hat.
Iphigenie sehnt sich sehr nach ihrer Heimat („Und an dem Ufer steh ich lange Tage, / Das Land der Griechen mit der Seele suchend", V. 11 f.) und nach ihrer Familie (vgl. V. 15 f.), in Tauris fühlt sie sich „einsam" (V. 16).
Thoas ist sie dankbar, sie nennt ihn einen „edle[n] Mann" (V. 33), doch fühlt sie sich von ihm in ihrer Freiheit beschränkt (vgl. V. 34). Und auch ihr Verhältnis zu Diana ist zwiespältig, sie erkennt sie zwar als ihre „Retterin" (V. 37) an und ergibt sich dem „hohe[n] Wille[n]" (V. 8), dient der Göttin aber mit „stillem Widerwillen" (V. 36).
Die Hoffnung auf eine Rückkehr nach Griechenland und auf ein Wiedersehen mit ihrer Familie hat Iphigenie aber noch nicht aufgegeben (vgl. V. 45 ff.).

M 2 Zwei Gemälde deuten

1 Beide Bilder zeigen die Einsamkeit Iphigenies und ihre Sehnsucht nach ihrer Heimat – sie sitzt alleine am Meer und blickt auf dieses hinaus. Die Kleidung ist antikisierend, ihre Haare sind hochgesteckt. Die Sehnsucht wirkt jedoch unterschiedlich groß. Während Iphigenie auf dem ersten Bild noch dem Bildbetrachter zugewandt sitzt, wendet sie sich auf dem zweiten Bild ganz ab. Auch unterscheiden sich beide Bilder bezüglich der Blickrichtung. In dem Bild von 1862 scheint Iphigenie in sich gekehrt zu sein, ihr Blick ist nach unten gerichtet, ihre rechte Hand liegt zwischen Hals und Brust. Auf dem Bild von 1871 hingegen schaut Iphigenie direkt auf das Meer hinaus, ihr Kopf wird von der linken Hand gestützt. Beide Bilder geben Iphigenies Stimmung im Eingangsmonolog wieder. Jedoch ist die Gewichtung anders: Während das ältere Bild ihre Betrübnis und ihr Nachdenken hervorhebt, liegt beim zweiten Bild der Schwerpunkt auf ihrem Heimweh.

2 In dem Eingangsmonolog werden bereits einige Konflikte Iphigenies deutlich, u. a. ihre Zerrissenheit zwischen ihrem Wunsch nach Freiheit und ihrem Pflichtgefühl bzw. ihrem Gehorsam Diana und Thoas gegenüber, der Geschlechterkonflikt und ihre große Sehnsucht nach Griechenland.

M 3 Die Vorgeschichte wiedergeben

1 Auf dem Bild ist die Opferung Iphigenies durch ihren Vater dargestellt. Da Agamemnon auf einer Jagd in einem Diana geweihten Hain eine Hirschkuh getötet hat, straft ihn die Göttin mit einer anhaltenden Windstille, die die Abfahrt des griechischen Heeres nach Troja verhindert. Auf einem Zwischenhalt in Aulis wird Agamemnon durch das Orakel gezwungen, Iphigenie zu opfern, um Sühne zu leisten und die Weiterfahrt nach Troja zu ermöglichen. Unter dem Vorwand, Iphigenie mit Achill verheiraten zu wollen, lässt Agamemnon Iphigenie mit ihrer Mutter nach Aulis kommen.
Auf dem Bild sieht man unten die Vorbereitung des Opfers, Iphigenies Mutter Klytaimnestra steht verhüllt und abgewandt links vor einer Säule mit einer Statue der Diana. Rechts tragen zwei Männer Iphigenie zur Opferung, während Agamemnon noch grübelt, aber den Opferdolch schon in der Hand

hält. Darüber ist in einem kleineren Bild die Rettung Iphigenies gezeichnet: Diana rettet Iphigenie, indem sie statt dieser eine Hirschkuh auf den Altar legt und Iphigenie nach Tauris (ein Ort im Schwarzen Meer, die heutige Halbinsel Krim) entrückt und dort als Priesterin in einem Tempel, der ihrer Verehrung dient, einsetzt.

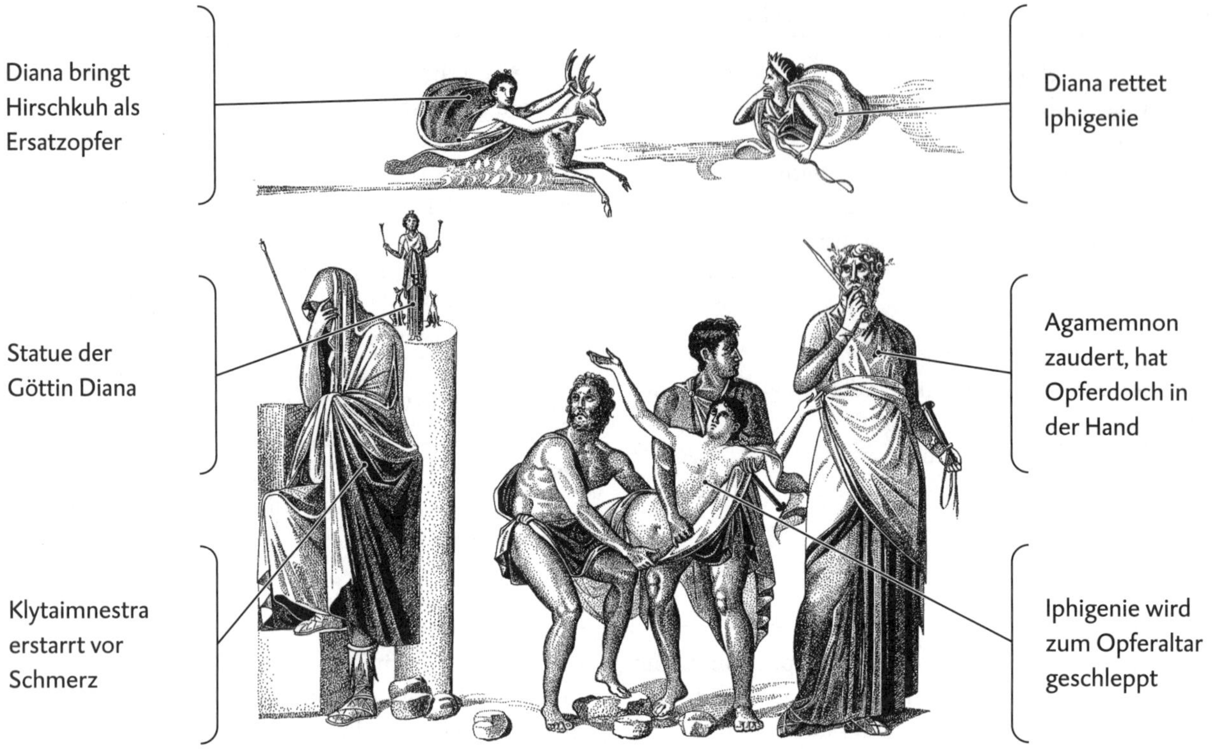

2

Zitat	Sprecher(in)	Situation / Bedeutung
„Einst glaubtest du, ein besserer Jäger zu sein als ich, nun wirst du erkennen, wer mehr Macht hat."	Diana	… bestraft Agamemnon mit einer Windstille in Aulis, da er in einem ihr geweihten Hain gejagt hat.
„Warum holtest du uns unter dem Vorwand einer Hochzeit hierhin nach Aulis und nimmst mir nun meine Tochter?"	Klytaimnestra	… macht ihrem Mann Agamemnon nach ihrer Ankunft in Aulis Vorwürfe, als sie sein Vorhaben durchschaut (die anstehende Opferung Iphigenies).
„Mutig und still will ich den Nacken dem Opferstahle bieten!"	Iphigenie	… nach ihrem Entschluss, sich für die Sache der Griechen zu opfern
„Warum muss ich ein unschuldiges Mädchen für ein egoistisches, buhlerisches Weib opfern?"	Agamemnon	… hat Skrupel, seine Tochter zu töten, nur um die nach Troja entführte Helena zurückzuholen.

M 4 Die Bedeutung des Tantalidenfluchs erschließen

1 Motive Thoas' für seinen Heiratsantrag:
Anteilnahme Iphigenies beim Tod seines Sohnes (V. 231 ff.), das Gefühl der Einsamkeit (V. 236 ff.), die Sorge um einen Thronfolger (V. 243) und um sein Volk (V. 249), Unmut der Bevölkerung.

2 Iphigenie möchte Thoas von seinem Vorhaben, sie zu heiraten, abbringen, da sie eine Rückkehr in ihre Heimat ersehnt, deshalb weist sie auf den auch sie belastenden Familienfluch – den Tantalidenfluch – hin und hofft auf dessen abschreckende Wirkung.

3 **a** Tantalus
b Pelops
c Atreus
d Thyest
e Ägisth

4 Die Taten innerhalb des Geschlechts des Tantalus sind durch Hybris, Rachegedanken, Egoismus, Grausamkeit, Streben nach Macht und Konkurrenzkampf geprägt. Tantalus zweifelte die Allmacht der Götter an. Pelops erweiterte durch List und Mord seine Macht. Familiäre Beziehungen sind zweitrangig, dies zeigt sich besonders bei Atreus und Thyest, die sich skrupellos durch die Verwandtschaft morden. Die Abfolge der Tantaliden dokumentiert durchgängig eine Kette von Gewalt, Intrigen und Mord und spiegelt ein düsteres Menschenbild wider.

M 5 Die Auswirkungen der Taten der Vorfahren erklären

1 Iphigenie kritisiert mit ihren Worten „Götter sollten nicht / Mit Menschen, wie mit ihresgleichen, wandeln“ (V. 315 f.), dass die Götter nicht die Schwäche der Menschen berücksichtigen und diese durch zu große Begünstigungen erst zur Hybris verleiten. Das Vergehen des Tantalus hält sie für „menschlich“ (V. 322), die folgenden Verbrechen der Tantaliden für durch den Hass der Götter bedingt (vgl. V. 326). Hiermit verweist sie auf den Fatumgedanken und die Unausweichlichkeit des Schicksals. Thoas hingegen betont die Möglichkeit der Eigenverantwortlichkeit jedes Einzelnen für seine Taten (vgl. V. 327).

2 Das Motiv des Bandes steht im Drama durchweg für eine Bindung, die Unfreiheit bedeutet. Diese Bindung kann familiär bedingt sein (positiv als Liebe, negativ durch den Fluch, das Schicksal) oder aus anderen Verpflichtungen hervorgehen.

Folgende Textstellen könnten zur Erklärung des Motivs herangezogen werden:

Familienzugehörigkeit

IPHIGENIE. Weh dem, der fern von Eltern und Geschwistern / Ein einsam Leben führt! Ihm zehrt der Gram / Das nächste Glück vor seinen Lippen weg. / Ihm schwärmen abwärts immer die Gedanken / Nach seines Vaters Hallen, wo die Sonne / Zuerst den Himmel vor ihm aufschloss, wo / Sich Mitgeborne spielend fest und fester / Mit sanften Banden aneinander knüpften. (V. 15–22)

Iphigenies Sehnsucht nach ihrer Familie und ihrer Heimat wird durch die Metapher des Bandes verdeutlicht, die für die Verbindung zu ihrer Familie steht.

IPHIGENIE. Das ist's, warum mein blutend Herz nicht heilt. / In erster Jugend, da sich kaum die Seele / An Vater, Mutter und Geschwister band; / Die neuen Schößlinge, gesellt und lieblich, / Vom Fuß der alten Stämme himmelwärts / Zu dringen strebten; leider fasste da / Ein fremder Fluch mich an und trennte mich / Von den Geliebten, riss das schöne Band / Mit eh'rner Faust entzwei. [...] (V. 78–86)

Das durch ihr Schicksal zerrissene Band verweist auf den Verlust der familiären Zugehörigkeit und der Geborgenheit.

OREST. Der, Pylades genannt, die schönsten Bande / Der Freundschaft um den Angekommnen knüpfte. (V. 1 013 f.)

Verdeutlichung der engen Beziehung zwischen Orest und Pylades

Verpflichtungen und zwischenmenschliche Bindungen

IPHIGENIE. Wie eng-gebunden ist des Weibes Glück! / Schon einem rauen Gatten zu gehorchen, / Ist Pflicht und Trost; wie elend, wenn sie gar / Ein feindlich Schicksal in die Ferne treibt! / So hält mich Thoas hier, ein edler Mann, / In ernsten, heil'gen Sklavenbanden fest. (V. 29–34)

Iphigenie fühlt sich durch ihre Verpflichtungen Thoas gegenüber, der sie freundlich auf Tauris aufnahm, unfrei – ihr Schicksal empfindet sie als doppelt schlimm, da sie nicht nur wie eine Gattin einem Mann gehorchen muss und hierdurch ihr Glück begrenzt ist, sie ist auch noch fern von ihrer Heimat gebunden.

THOAS. Wenn ihnen [= den Weibern] eine Lust im Busen brennt, / Hält vom Verräter sie kein heilig Band [...]. (V. 468 f.)

Thoas hält die Lust der Frauen für stärker als jegliches Band, jegliche Bindung und Verpflichtung.

THOAS. Nur Du hast mich mit einer Freundlichkeit, / In der ich bald der zarten Tochter Liebe, / Bald stille

Neigung einer Braut zu sehn / Mich tief erfreute, wie mit Zauberbanden / Gefesselt, dass ich meine Pflicht vergaß. (V. 511–515)
Thoas glaubt, von Iphigenie in seinem freien Willen und in seinen Entscheidungen beeinflusst worden zu sein; aufgrund ihres Zaubers habe er seine Pflicht vernachlässigt, alte Traditionen weiterzuführen.

Bindung an ein Schicksal
ARKAS *(zu Iphigenie). O fänd ich auch den Blick der Priesterin, / Der werten, vielgeehrten, deinen Blick / O heil'ge Jungfrau, heller, leuchtender, / Uns allen gutes Zeichen! Noch bedeckt / Der Gram geheimnisvoll dein Innerstes; / Vergebens harren wir schon jahrelang / Auf ein vertraulich Wort aus deiner Brust. / Solang ich dich an dieser Stätte kenne, / Ist dies der Blick, vor dem ich immer schaudre; / Und wie mit Eisenbanden bleibt die Seele / Ins Innerste des Busens dir geschmiedet. (V. 63–73)*
Arkas' Vergleich mit Eisenbanden verweist auf Iphigenies Verschlossenheit: Sie zeigt ihre Gefühle und ihren Schmerz nicht. Wie Tantalus in der Unterwelt festgekettet ist, so hält auch sie ihr Inneres, das Leiden an ihrem Schicksal als Tantalide, zurück.

IPHIGENIE *(zu Thoas). Vom alten Bande löset ungern sich / Die Zunge los, ein langverschwiegenes / Geheimnis endlich zu entdecken. Denn / Einmal vertraut, verlässt es ohne Rückkehr / Des tiefen Herzens sichre Wohnung, schadet, / Wie es die Götter wollen, oder nützt. / Vernimm! Ich bin aus Tantalus' Geschlecht. (V. 300–306)*
Diese Stelle knüpft an den von Arkas verwendeten Vergleich an: Nur ungern gibt Iphigenie etwas über ihre Herkunft und ihr Schicksal preis.

IPHIGENIE *(zu Thoas). Zwar die gewalt'ge Brust und der Titanen / Kraftvolles Mark war seiner Söhn und Enkel / Gewisses Erbteil; doch es schmiedete / Der Gott um ihre Stirn ein ehern Band. (V. 328–331)*
Diese Metapher verdeutlicht die Fremdbestimmung der Tantaliden durch den Fluch, der auf ihrer Familie lastet; durch diesen (verbildlicht im ehernen Stirnband) ist es ihnen nicht mehr möglich, frei zu denken und autonom zu handeln.

IPHIGENIE *(zu Orest). Mein Schicksal ist an deines fest gebunden. (V. 1 122)*
Betonung ihres gemeinsamen Schicksals als Nachkommen des Tantalus

IPHIGENIE *(zu Diana). So lös ihn von den Banden jenes Fluchs, / Dass nicht die teure Zeit der Rettung schwinde. (V. 1 330f.)*
Bitte an Diana, Orest von der Schuld, die ihn lähmt, zu befreien

OREST *(zu Iphigenie). Wir legten's [= den Orakelspruch Apollons, die Schwester solle zurück nach Griechenland gebracht werden] von Apollens Schwester aus, / Und er gedachte dich! Die strengen Bande / Sind nun gelöst; du bist den Deinen wieder, / Du Heilige, geschenkt. Von dir berührt / War ich geheilt; [...] (V. 2 116–2 120)*
Orest erkennt die wahre Bedeutung des Orakelspruchs, der ihm Heilung und die Befreiung vom Tantalidenfluch verspricht, wenn er Iphigenie heimbringt; damit kündigt sich auch Iphigenies Befreiung aus dem Exil an.

Festnahme
IPHIGENIE *(zu Thoas). Denn nun empfind ich, da uns keine Rettung / Mehr übrig bleibt, die grässliche Gefahr, / Worein ich die Geliebten übereilt / Vorsetzlich stürzte. Weh! ich werde sie / Gebunden vor mir sehn! (V. 1 945–1 949)*
Furcht Iphigenies vor der Festnahme von Pylades und Orest

3 Iphigenies Konflikt:

Heirat mit Thoas
positive Folgen:
Abschaffung der Menschenopfer

negative Folgen:
keine Möglichkeit der Rückkehr nach Griechenland, ein dauerhaftes Leben in der Fremde

Ablehnung des Antrags
positive Folgen:
die Rückkehr in die Heimat bleibt möglich

negative Folgen:
Wiedereinführung der Menschenopfer für Diana
Verärgerung des Königs

M 6 Die Handlungsschritte ordnen

1 Auflistung in der richtigen Reihenfolge

1	Iphigenies Klage über ihr Exil und ihre Sehnsucht nach Griechenland und nach ihrer Familie (I,1)
2	Arkas kündigt die Rückkehr Thoas' und seines Heeres an / Erinnerung Iphigenies an ihre Verpflichtung dem König und den Taurern gegenüber (I,2)
3	Thoas' Heiratsantrag / Iphigenies Ablehnung und Darlegung ihrer Herkunft / Wiedereinführung der Menschenopfer (I,3)
4	Monolog Iphigenies: Gebet an Diana um Hilfe, ihre Hände nicht mit Blut beflecken zu müssen (I,4)
5	Auftritt Orests und Pylades': Gespräch über den Tod, ihre Vergangenheit und das Verhältnis zwischen Göttern und Menschen (II,1)
6	Dialog zwischen Pylades und Iphigenie über den Trojanischen Krieg, das Schicksal Agamemnons und – von Pylades verfälscht – sein und Orests Schicksal (II,2)
7	Dialog zwischen Iphigenie und Orest: Entscheidung Orests zur Wahrheit, Preisgabe seiner Identität, Zweifel Orests an Iphigenies Identität, seine Ohnmacht (III,1)
8	Vision Orests: Versöhnung der Tantaliden, jedoch weitere Bestrafung des Tantalus (III,2)
9	Iphigenie und Pylades befreien Orest aus seinem Wahn / Lösung des auf ihm lastenden Fluchs / Ermahnung des Pylades, schnell zu handeln (III,3)
10	Monolog Iphigenies: Bitte an die Götter, Pylades zu unterstützen, Inhalt des Plans, Darlegung ihrer zwiespältigen Gefühle hinsichtlich der List (IV,1)
11	Dialog zwischen Iphigenie und Arkas: dessen Ermahnung, Iphigenie solle das Opfer durchführen / Iphigenies Reaktion gemäß Pylades' Plan: Vortäuschung der Notwendigkeit, das Götterbild zu reinigen / Arkas' Warnung und Ankündigung, den König zu informieren (IV,2)
12	Monolog Iphigenies über ihre zunehmenden Zweifel an der Richtigkeit des Plans, Thoas und die Taurer zu täuschen (IV,3)
13	Dialog zwischen Iphigenie und Pylades, der kommt, um das Götterbild zu holen: Plan ist gefährdet durch das Nahen des Königs / Iphigenie legt ihre Zweifel dar und Pylades bringt Gegenargumente vor (IV,4)
14	Monolog Iphigenies über Schicksal, Götter und Schuld / Erinnerung an das Parzenlied aus ihrer Kindheit (IV,5)
15	Dialog zwischen Arkas und Thoas über Arkas' Argwohn / Auftrag Thoas', Iphigenie zu holen und das Ufer abzusuchen (V,1)
16	Monolog Thoas': Ärger über seine Milde und über Iphigenie, von der er sich ausgenutzt und hintergangen fühlt (V,2)
17	Dialog zwischen Iphigenie und Thoas: Iphigenies Entscheidung zur Wahrheit und gegen den Plan des Pylades / Appell an Thoas' Gefühl / Unsicherheit Thoas', wie er weiterverfahren solle (V,3)
18	Auftritt Orests, der Iphigenie zur Flucht abholen möchte / Gefahr des bewaffneten Kampfes zwischen Orest und Thoas / Eingreifen Iphigenies (V,4)
19	Pylades und Arkas kommen zu Iphigenie, Orest und Thoas / Orest und Thoas fordern diese auf, Taurer und Griechen vom Kampf abzuhalten, solange Iphigenie, Orest und Thoas sich besprechen (V,5)
20	Orest will um die Freiheit kämpfen / Einschreiten Iphigenies: sie beweist Orests Identität / Erkenntnis Orests, dass er Iphigenie und nicht das Götterbild nach Mykene bringen soll / Iphigenie erinnert Thoas an sein Wort / Thoas lässt sie gehen, Abschied (V,6)

2 Im ersten Aufzug findet die **Exposition** in das Drama statt, der Leser bekommt Informationen zur Vorgeschichte (Opferung Iphigenies, Tantalusfluch etc.), die Figuren Iphigenie, Thoas und Arkas werden eingeführt und erste Konflikte (Freiheit–Gehorsam, Wiedereinführung der Opfer, Sehnsucht–Pflichtgefühl) werden angedeutet. Denkbar wäre es, auch den Auftritt II,1 der Exposition zuzuordnen, da in diesem Orest und Pylades erstmals auftreten.
Erregendes Moment ist einerseits die Wiedereinführung des Menschenopfers durch Thoas, nachdem Iphigenie seinen Heiratsantrag abgelehnt hat (I,4), aber auch der Auftritt Orests und Pylades', die Iphigenie opfern soll (II,1).
Ansonsten beinhaltet der zweite Aufzug die **Steigerung** des dramatischen Konflikts, der seinen **Höhe- und Wendepunkt (= Peripetie)** in der Anagnorisis in III,1 erreicht, im Wiedererkennen der beiden Geschwister.
Anschließend **fällt die Handlung** bis zur Abwendung der Katastrophe und zur **Lösung** (Neudeutung des Orakels, Nachgeben Thoas') im fünften Auftritt. Zuvor kann man im Schwanken Iphigenies zwischen List und Wahrheit das **Moment der letzten Spannung (= retardierendes Moment)**, z. B. infolge der Begegnung mit Arkas (IV,3 und 4), sehen. Insgesamt ist das Drama nicht nur im Aufbau, sondern auch in der Figurenkonstellation symmetrisch gestaltet: Thoas/Arkas – Iphigenie – Orest/Pylades.

M 7 Das Drama in Beziehung zur aristotelischen Poetik setzen

Auch Goethes *Iphigenie* spielt an einem Tag (vgl. Z. 1 f.: „in einem einzigen Sonnenumlauf") und ist in „gewählter Rede" (Z. 5 f.), nämlich hauptsächlich im Blankvers verfasst. Den Mythos, die „Nachahmung einer edlen und abgeschlossenen Handlung" (Z. 4 f.), finden wir in Iphigenies verschiedenen Verhaltensweisen, bis sie sich schließlich reflektiert zur Wahrheit und zur Autonomie bekennt und Thoas den Fluchtplan offenbart. Die Handlung beginnt mit ihrer Entscheidung, den Heiratsantrag von Thoas nicht anzunehmen. Hierdurch kommt es zur Wiedereinführung der Menschenopfer und Iphigenie gerät in den Konflikt, ihren eigenen Bruder opfern zu müssen und hierdurch den Familienfluch fortzuführen. Deshalb geht sie auf den Plan des Pylades ein, Thoas zu hintergehen und heimlich mit dem Götterbild von Tauris zu fliehen. Da dieser Betrug jedoch nicht ihrem edlen Charakter entspricht, entschließt sie sich letztendlich zur Wahrheit. Somit ist die Handlung in ihrem Verlauf als „Ganze[s]" (Z. 53) im Drama dargestellt. Ereignisse, die sich im Vorfeld der Handlung oder an anderen Orten abspielen, werden durch Berichte oder Erzählungen in den Handlungsverlauf integriert.
Allerdings lässt sich die Einheit der Handlung von *Iphigenie auf Tauris* auch infrage stellen, indem man die beiden folgenden Handlungsstränge unterscheidet: die Heilung Orests und die Rettung Iphigenies. Zudem ist der Anfang nicht so voraussetzungslos, wie von Aristoteles gefordert (vgl. Z. 31 ff.), die Handlung basiert auf verschiedenen vorausgegangenen Ereignissen, z. B. dem Tantalidenfluch. Insgesamt kann man feststellen, dass in dem Drama mehr Gewicht auf die innere als auf die äußere Handlung gelegt wird. Oftmals wird es deshalb auch als Seelendrama oder Charakterstück bezeichnet.

M 8 Den Entstehungsprozess von „Iphigenie" rekapitulieren

1 Der Begriff „Klassizismus" umfasst vor allem den Rückgriff auf antike Muster und Regeln, Vorbilder suchte man in der antiken griechischen und römischen Kunst. Sehr prägend für diese Kunstrichtung war Johann Joachim Winckelmanns Werk *Gedanken über die Nachahmung griechischer Werke in der Malerei und Bildhauerkunst* (1755).
Besonders betont wurden Formreinheit und Ästhetik, die regelhafte Gestaltung und Rationalität. Die Antike galt aufgrund ihrer „edlen Einfalt und stillen Größe" (Winckelmann) als Ideal.
Neben der Wahl eines alten Mythos als Thema und der Einhaltung der drei Einheiten und der Vorgaben der antiken Dramentheorie zeigen die Briefe Goethes, dass er sehr großen Wert auf die Ästhetik und regelhafte Gestaltung seines Dramas legte. Er schreibt seine Prosafassung in die Versform um, bittet Kollegen um Unterstützung bei dieser Arbeit und versucht so, den „kurzen Zeilen der Iphigenie [, die ihm] ganz höckerig, übelklingend und unlesbar" erscheinen, zu harmonischem Wohlklang zu verhelfen.

2

	Fassung von 1779	Fassung von 1787
	IPHIGENIE. Ungern lößt sich die Zunge ein lang verschwiegen Geheimniß zu entdeken. Einmal vertraut, verläst's unwiederbringlich die Tiefe des Herzens und schadet oder nüzt wie es die Götter wollen. Ich bin aus Tantals merkwürdigen Geschlecht.	IPHIGENIE. Vom alten Bande löset ungern sich Die Zunge los, ein lang verschwiegenes Geheimnis endlich zu entdecken. Denn Einmal vertraut, verlässt es ohne Rückkehr Des tiefen Herzens sichre Wohnung, schadet, Wie es die Götter wollen, oder nützt. Vernimm! Ich bin aus Tantalus' Geschlecht. *(V. 300–306)*
formale Gestaltung	Prosa, wenige Inversionen	Blankvers (fünfhebiger Jambus), reimlos, Enjambements (bis auf den letzten Vers), ein Ausruf, Inversionen, teils weibliche, teils männliche Kadenzen
Wirkung	• Hervorhebung einzelner Aussagen durch Umstellung: z. B. Betonung der Gefahr, beim Preisgeben ihres Geheimnisses dieses Wissen nicht mehr zurücknehmen zu können, durch die Stellung der Wörter „Einmal vertraut" an den Satzanfang; Betonung der Unberechenbarkeit des Schicksals durch das Vorziehen der Verben „schadet oder nüzt" • leicht lesbar, wie ein Fließtext	• Betonung sinntragender Wörter durch Inversionen und Metrik, z. B. dass Iphigenie nur „**un**gern" das Geheimnis ihrer Herkunft benennt, sich vom „**al**ten **Ban**de" (an den Versbeginn gestellt) löst • durch die Zäsuren und den Ausruf besondere Hervorhebung des letzten Verses mit dem Eingeständnis, dass Iphigenie zu den Tantaliden gehört
Fazit	Die Stilisierung des Textes in Versform erzwingt ein konzentrierteres Lesen und ermöglicht durch sprachliche und formale Mittel eine größere Gewichtung einzelner Aussagen; zudem werden auf diese Weise die Konflikte besser verdeutlicht.	

M 9 Ein Autorenporträt deuten

Das Gemälde von Johann Heinrich Wilhelm Tischbein, das während der Italienreise Goethes entstand, ist klassizistisch und stark stilisiert. Bildbestimmend sitzt Johann Wolfgang Goethe wie ein Monument halb liegend auf umgestürzten Steinen, die evtl. zu einem Obelisken gehören.

Er ist wie ein Reisender mit einem hellen Mantel bekleidet. Dieser verdeckt fast völlig das Oberteil und ein weißes Hemd. Zudem trägt Goethe eine Bundhose, seidene Strümpfe, schwarze Schuhe und einen Hut mit großer Krempe. Sein Oberkörper ist auf den rechten Arm gestützt, jedoch ist dieser Druck nicht erkennbar, die aufgerichtete Körperhaltung wirkt entspannt.

Seinen Kopf sieht man im Profil, der Blick ist nachdenklich-ernst in die Ferne gerichtet, der Dichter scheint über etwas nachzusinnen. Inhalt seiner Gedanken könnten die im Hintergrund dargestellte italienische Landschaft mit ihren Bergen und antiken Monumenten (Reste eines Aquädukts, ein Grabmal, ein kleines Landhaus und ein Kapitell) sowie die antike Mythologie bzw. die *Iphigenie* sein. Größer als die anderen Überreste erkennt man nämlich direkt hinter Goethes Beinen ein Relief, auf dem das Zusammentreffen von Iphigenie mit Orest und Pylades dargestellt ist, die als Gefangene zu ihr geführt werden. Es ist von Efeu umrankt und weist so wie die Ruinen auf die Vergänglichkeit der Zeit hin.

Idealisiert stellt das Gemälde somit Goethe und seine Arbeit auf seiner Italienreise dar. Er entdeckt antike Überbleibsel, denkt über sie nach und nutzt sie für sein Werk. So zeigt das Relief nicht irgendeine Szene aus der *Iphigenie*, sondern hebt ihren tragischen Konflikt hervor. In Folge dieser Szene muss die Protagonistin sich mit der möglichen Opferung ihres Bruders und dem Fortdauern des Tantalidenfluchs auseinandersetzen.

M 10 Frauenfiguren aus literarischen Werken vergleichen

Marie ist eine Figur aus der untersten Schicht des Volkes, dem sogenannten „vierten Stand“. Dies erkennt man unter anderem an ihrer sozial determinierten Sprache, dem Dialekt (z. B. „es wird heiß hie“, Z. 18), den Interjektionen („z. B. „Herrgott! Herrgott!“, Z. 8) und den unvollständigen Sätzen. Iphigenie hingegen entstammt der Oberschicht und spricht sehr gewählt in einer Kunstsprache. Im Gegensatz zu *Woyzeck*, der in Prosa verfasst ist, wurde *Iphigenie* in Versform konzipiert.

In der vorliegenden Szene aus *Woyzeck* liest Marie in der Bibel und sucht darin nach Erlösung von ihrer Schuld – zuvor hat sie ein Verhältnis mit dem Tambourmajor begonnen. Bibel und Märchen (vgl. die Worte des Narren) dienen den Figuren, die nicht direkt über ihre Empfindungen und Ahnungen sprechen können, als Medium, um ihre innere Verfassung zu artikulieren. Iphigenie findet für ihre Gefühle hingegen in den Monologen stets eigene Worte. Aufgrund ihrer Reflexion des Geschehens entschließt sie sich zu ihrer „unerhörten Tat“ (V. 1 892). Sie entscheidet sich gegen Pylades’ Plan für Autonomie und Wahrheit und erzählt Thoas von ihrem geplanten „heimliche[n] Betrug“ (V. 1 920). Marie hingegen ist verzweifelt, sie fühlt sich innerlich leer, kann nicht mehr glauben („Alles tot!“, Z. 23) und weiß, dass sie ihr Verhältnis nicht beenden kann („Ich kann nicht.“, Z. 8). Sie ist keine autonom handelnde Figur. An ihr wird deutlich, dass die Möglichkeit, selbstbestimmt und human zu handeln, abhängig ist von dem Grad der sozialen Determiniertheit. Büchners Figurenzeichnung ist damit wesentlich näher an der Realität als Goethes Schauspiel, in dem idealisierte mythische Figuren auftreten.

M 11 Die Protagonistin charakterisieren

1
- Selbsteinschätzung
  - Zweifel an ihrem Tun und an der Berechtigung ihrer Hoffnung (V. 1 690–1 702)
- Sehnsüchte, Wünsche
  - Erlösung ihres Bruders von dem Fluch (V. 1 412 ff.)
  - Entsühnung ihrer Familie durch ihr Handeln (V. 1 692–1 702)
  - Rückkehr nach Griechenland, zu ihrer Familie (V. 1 705 f.)
- Wirkung auf andere
  - Arkas schätzt Iphigenies Verdienste und bedauert ihre Unzufriedenheit mit sich (dass sie sich selbst nicht genügt)
  - Pylades hält sie für eine „reine Seele“, deren Ehrlichkeit aber eine Gefahr für seinen Plan bedeutet
  - Orest sieht in ihr seine Rettung vor dem Fluch und die Beschützerin ihrer beider Familie
- Taten
  - Aufmunterung Thoas’ (V. 121)
  - Verhinderung weiterer Menschenopfer (V. 122–127)
  - Erlösung ihres Bruders von den Erinnyen (V. 2 125–2 130)
- ihr Halt, ihre Prinzipien
  - ihre Hoffnung auf die Humanität der Götter (V. 1 717)
  - Wahrheit (V. 1 405)
  - Aufrichtigkeit und Dankbarkeit (V. 1 707–1 711)

2

Textstelle	Kontext	Deutung
IPHIGENIE. [...] Und haben kluges Wort mir in den Mund Gegeben, mich gelehrt, was ich dem König Antworte, wenn er sendet und das Opfer Mir dringender gebietet. Ach! ich sehe wohl, Ich muss mich leiten lassen wie ein Kind. *(V. 1 398–1 402)*	Gemäß Pylades' Plan soll Iphigenie Thoas täuschen, um ihre gemeinsame Flucht zu ermöglichen.	Iphigenie steht nicht hundertprozentig hinter dem Plan; ihr widerstrebt es, Thoas zu belügen, dennoch sieht sie keine andere Möglichkeit und lässt sich deshalb „wie ein Kind", also ohne weiter nachzudenken, von Pylades leiten.
IPHIGENIE *(allein).* Von dieses Mannes Rede fühl ich mir Zur ungelegnen Zeit das Herz im Busen Auf einmal umgewendet. Ich erschrecke! – [...] Ich horchte nur auf seines Freundes Rat; Nur sie zu retten, drang die Seele vorwärts. Und wie den Klippen einer wüsten Insel Der Schiffer gern den Rücken wendet: so Lag Tauris hinter mir. Nun hat die Stimme Des treuen Manns mich wieder aufgeweckt, Dass ich auch Menschen hier verlasse mich Erinnert. Doppelt wird mir der Betrug Verhasst. O bleibe ruhig, meine Seele! *(V. 1 503–1 526)*	Monolog Iphigenies, nachdem sie Arkas gemäß Pylades' Plan belogen hat (Iphigenie hat Arkas darüber informiert, dass sie das Göttinnenbild, welches durch die Berührung Orests verunreinigt sei, vor der Opferung im Meer reinigen müsse, eigentlich möchte sie aber so mit dem Bild von der Insel fliehen) und Arkas an sie appelliert hat, ihre Möglichkeiten in Tauris nicht ungenützt zu lassen	Iphigenie fühlt sich durch Arkas' Worte verunsichert (vgl. die Metapher „das Herz im Busen / Auf einmal umgewendet"), ihre Zweifel an Pylades' Plan werden größer, der „Betrug" widerstrebt ihrem inneren Gefühl, das sich auch den Taurern verpflichtet fühlt; zuvor dachte sie nur an die Rettung der Ihrigen und wollte Schwierigkeiten vermeiden (vgl. den Vergleich „wie den Klippen einer wüsten Insel / Der Schiffer gern den Rücken wendet"), jetzt wurde sie jedoch durch Arkas' Worte wieder „aufgeweckt" und denkt über ihr Vorhaben nach.
IPHIGENIE. Die Sorge nenn ich edel, die mich warnt, Den König, der mein zweiter Vater ward, Nicht tückisch zu betrügen, zu berauben. PYLADES. Der deinen Bruder schlachtet, dem entfliehst du. IPHIGENIE. Es ist derselbe, der mir Gutes tat. PYLADES. Das ist nicht Undank, was die Not gebeut. IPHIGENIE. Es bleibt wohl Undank; nur die Not entschuldigt's. PYLADES. Vor Göttern und vor Menschen dich gewiss. IPHIGENIE. Allein mein eigen Herz ist nicht befriedigt. PYLADES. Zu strenge Fordrung ist verborgner Stolz. IPHIGENIE. Ich untersuche nicht, ich fühle nur. *(V. 1 640–1 650)*	Gespräch (Stichomythie: Wechsel von Rede und Gegenrede) mit Pylades, nachdem sie ihm ihre Zweifel an seiner List dargelegt hat; er versucht dennoch, sie für den Plan zu gewinnen.	Iphigenie verweist auf ihre starken Gefühle Thoas gegenüber, den sie als „zweiten Vater" bezeichnet. Pylades hingegen betont die von Thoas ausgehende Gefahr für Orest, das sinnlose Menschenopfer und die durch die Notlage bedingte und deswegen entschuldbare List. Dem hält Iphigenie ihr Gewissen entgegen (ihr „eigen Herz" und ihr Gefühl). Dass Goethe den Sprechern viele Sentenzen in den Mund legt, zeigt, dass die Aussagen allgemeine Gültigkeit beanspruchen.
IPHIGENIE *(nach einigem Stillschweigen).* [...] Allein Euch leg ich's auf die Kniee! Wenn Ihr wahrhaft seid, wie ihr gepriesen werdet; So zeigt's durch euern Beistand und verherrlicht Durch mich die Wahrheit! – Ja, vernimm, o König, Es wird ein heimlicher Betrug geschmiedet; *(V. 1 892–1 920)*	Gespräch mit Thoas, bei dem sie zunächst am Plan des Pylades festhält und versucht, die Zweifel des Königs zu zerstreuen, sich dann aber für die Wahrheit entscheidet	Iphigenie wendet sich nach längerem Überlegen (vgl. die Regieanweisung) gegen die List und übernimmt selbst Verantwortung für ihr Tun: Sie entscheidet sich für die Wahrheit und für Autonomie und ruft die Götter als Beistand an. In ihrer Verzweiflung stellt sie diesen Bedingungen („Wenn..., so...").

Fazit

Iphigenie löst sich nach und nach von den Vorgaben der Männer und wird sich immer mehr ihrer Werte bewusst, sodass sie sich am Ende autonom und überlegt zu Ehrlichkeit und Humanität bekennt.

3

Erwartungen von Thoas / Arkas	Erwartungen von Orest / Pylades
Arkas • Dank, da sie auf Tauris freundlich aufgenommen wurde (V. 92 ff., V. 1 500 ff.) • Verhinderung weiterer Opfer und Beendigung des grausamen Brauchs (V. 122 ff., V. 1 475 ff.) • Heirat mit Thoas, um seine dank Iphigenie erlangte Milde zu erhalten (V. 134 ff., V. 1 457) • Ehrlichkeit Thoas gegenüber, um kein Misstrauen in ihm aufkommen zu lassen (V. 177 ff.) **Thoas** • Linderung seines Kummers und seiner Einsamkeit, Heirat, Geburt eines Thronfolgers (V. 231 ff., V. 290 ff., V. 511 ff.) • Vertrauen, Aufrichtigkeit als Dank für die Gastfreundschaft (V. 255 ff.) • Fortsetzung der Opfer (V. 503 ff.) • Gehorsam (V. 1 840)	**Pylades** • Unterstützung seines Fluchtplans und des Raubs des Götterbildes, indem sie gegenüber Thoas und Arkas vorgibt, vor dem Opfer das entweihte Bildnis der Diana im Meer reinigen zu müssen (IV,2) • Rettung Orests (V. 1 666 ff.) **Orest** • die gemeinsame Flucht (V. 1 996 f.) • Segen für ihre Familie (V. 2 136 ff.)
Beziehung Dank für die freundliche Aufnahme (V. 1 644, V. 1 711) Thoas ist ihr ein „zweiter Vater" (V. 1 641)	Beziehung Liebe zu ihrem Bruder, Angst um die Ihrigen Freundschaft und Bewunderung für Pylades

4

Textstelle	Iphigenies Götterbild
IPHIGENIE. [...] Der missversteht die Himmlischen, der sie Blutgierig wähnt; er dichtet ihnen nur Die eignen grausamen Begierden an. Entzog die Göttin mich nicht selbst dem Priester? Ihr war mein Dienst willkommner, als mein Tod. (V. 523–527)	Iphigenie erkennt, dass die Wiedereinführung der Opfer durch Thoas' Ärger und seinen verletzten Stolz bedingt ist. Dass die Götter selbst nicht „blutgierig" sind, belegt sie mit ihrem Schicksal. Als sie von ihrem Vater geopfert werden sollte, rettete Diana sie. Iphigenies Bild der Götter ist positiv, sie hält diese für human (sie retten, helfen, sind gütig).
IPHIGENIE. O dass in meinem Busen nicht zuletzt Ein Widerwillen keime! der Titanen, Der alten Götter, tiefer Hass auf euch, Olympier, nicht auch die zarte Brust Mit Geierklauen fasse! Rettet mich, Und rettet euer Bild in meiner Seele! (V. 1 712–1 717)	In Iphigenie kommen Zweifel an ihrem Götterbild auf. Sie erinnert sich an das Lied der Parzen, das ihre Amme einst sang, und befürchtet, dass sich diese Vorstellung von der Willkür der Götter und des übermächtigen Fatums bestätigen könne. Deshalb ruft sie die Götter an, ihr positives Götterbild zu bewahren, indem sie ihre Humanität beweisen und die Menschen unterstützen. Dies zeigt, dass ihr Glaube abhängig vom Handeln der Götter ist, von denen sie das gleiche ethische Handeln wie von den Menschen verlangt.

5 Die „unerhörte Tat" (V. 1 892) Iphigenies besteht in ihrer Entscheidung zum offenen Gespräch mit Thoas. Indem sie der List und der Intrige die Wahrheit vorzieht, wählt sie, wie ein Held, der allein in der Nacht in das Heer des Feindes eindringt (vgl. V. 1 898 ff.), den unsicheren, risikoreicheren Weg, denn sie gefährdet hiermit zugleich ihre Heimkehr nach Griechenland und das Leben ihres Bruders und seines Freundes. Andererseits ermöglicht ihr Ja zur Wahrheit erst Thoas' humanes Handeln und die Lösung des Dramas. Das Risiko, das sie eingeht, erklärt auch die Bezeichnung ihres Handelns als „ein kühnes Unternehmen" (V. 1 913). Vor ihrer Entscheidung braucht sie viel Bedenkzeit (V. 1 892) und trägt in sich einen Gewissenskonflikt aus (vgl. V. 1 876). Doch ist sie sich bewusst, dass nur Menschen, die selbstständig und ohne göttliche Anleitung handeln, sich befreien können (vgl. V. 1 884 f.). Optimistisch glaubt Iphigenie daran, dass jeder Wahrheit und Menschlichkeit wahrnimmt (vgl. V. 1 937–1 942).

M 12 Das Geschlechterbild erschließen

1 Während die Männer als Richtschnur ihrer Handlungen die Vernunft (vgl. V. 465) nennen, glauben sie, dass das Handeln der Frauen von ihrem Herzen (vgl. die Personifizierung des Herzens in V. 463: „was dein Herz dich heißt") und durch ihren Trieb bestimmt wird. Diesen Trieb macht Thoas auch für die Wankelmütigkeit und Unberechenbarkeit der Frauen verantwortlich (vgl. V. 466 f.: „dem Triebe, der dich zügellos / Ergreift und dahin und dorthin reißt."). Ganz anders sieht Pylades' Frauenbild aus: Er glaubt, dass Frauen ihren Werten und Entschlüssen immer treu bleiben (vgl. V. 791 ff.), sie würden sich nicht an Grausamkeit wie ein Mann gewöhnen oder „aus Gewohnheit hart" werden (vgl. V. 786 ff.). Dies bestätigt Orest, der die Ehrlichkeit und das kindliche Vertrauen der Frauen im Gegensatz zur Gewalt und List der Männer lobt (vgl. V. 2 142–2 145).
Iphigenie selbst weist auf ihre freie Geburt (vgl. V. 1 858) und auf den Wert der „Waffen eines Weibes" hin (vgl. V. 481–483), beklagt aber auch die Eigenschaft der Frauen, immer wieder ihr Handeln zu überdenken und zu überprüfen. Um ihrem Gewissenskonflikt zu entgehen, wünscht sie sich „ein männlich Herz [...] / [, d]as, wenn es einen kühnen Vorsatz hegt, / Vor jeder andern Stimme sich verschließt" (V. 1 677–1 679).
Aus dem Vergleich der Waffen von Mann und Frau lässt sich zudem die Zuordnung der Bereiche Kampf / Krieg für den Mann und Haus für die Frau ableiten (vgl. V. 24 f.: „Der Frauen Zustand ist beklagenswert. / Zu Haus und in dem Kriege herrscht der Mann.")

2 Auch Iphigenie ist ein Ideal, sie ist „besser, als sie in der Wirklichkeit anzutreffen" wäre, dargestellt. Stets achtet sie auf das Wohl anderer, nie überwältigen sie ihre Emotionen. Sie zeigt sich eloquent und gebildet. Selbst in der größten Gefahr überdenkt sie immer wieder souverän ihre Entscheidungen, bis sie sich zum autonomen Handeln und zur Wahrheit entschließt. Schlechte Eigenschaften sind ihr kaum nachzuweisen. Fraglich bleibt allein, warum sie die Wahrheit wählt (aus reiner Humanität oder da sie Thoas' Zweifel an ihrer Aufrichtigkeit erkennt?).

M 13 Eine Interpretation beurteilen

1 Im ersten Teil ihrer Ausführungen (Z. 1–11) beschreibt Ortrud Gutjahr Iphigenie als „Ikone reiner Menschlichkeit" (Z. 6 f.) und „Idealfigur der deutschen Klassik" (Z. 7 f.), deren „gute[m] Ruf" (Z. 9) man kaum etwas entgegenhalten könne.
Im zweiten Teil (Z. 11–23) beanstandet die Autorin jedoch, dass Iphigenie als Bühnenfigur „seltsam blass" (Z. 13) bleibe und keine „kraftvollen Affekte" (Z. 13 f.) zeige; sie wirke vielmehr „entrückt" (Z. 22 f.).
Gegen diese Thesen ließe sich anführen, dass eine emotionale Iphigenie nicht im Sinne des Dramas wäre, da sie als Vorbild für bedachtes, zur Humanität führendes Handeln konzipiert wurde. In die gleiche Richtung wie Gutjahrs Thesen geht die schon oft zuvor geäußerte Kritik, dass dieses Theaterstück eher ein Lesedrama darstelle, ein Charakter- und Seelenstück, das jedoch schwer auf der Bühne spielbar sei. Hauptsächlich spielt sich die Handlung im Inneren der Figuren ab, Emotionen Iphigenies sind vor allem in ihren Monologen erkennbar.

2 Prinzessin Natalie von Oranien ist die Nichte von Friedrich Wilhelm, dem Kurfürsten von Brandenburg. Dieser hat nach dem Tod ihrer Eltern die Vormundschaft für sie übernommen, somit lebt sie bei ihm und der Kurfürstin.
Zu Beginn des Dramas zeigt sie sich sehr still (vgl. V. 241), ihre Gefühle für den Prinzen bleiben unklar, eventuell kann man aber schon an ihrer Suche nach dem Handschuh, den ihr der schlafwandelnde Prinz im Garten entriss, und an ihrem Dank, als er ihn ihr wiedergibt (V. 318 f.), Gefühle für den Prinzen erkennen.
Sie hängt sehr an der Kurfürstin (vgl. V. 511) und dem Kurfürsten. Als sie von dessen vermeintlichem Tod in der Schlacht erfährt, bricht sie in Tränen aus (V. 565). Ritterlich sichert ihr der Prinz von Homburg zu, sie unter seinen Schutz zu nehmen. Es kommt zu einem Liebesgeständnis.
Als die Falschmeldung vom Tod des Kurfürsten widerrufen wird, zeigt Natalie sich zunächst als Stütze der Kurfürstin (V. 622), um dann wieder selbst bei

ihr Halt zu finden (V. 630). Dem Prinzen weicht sie nun schüchtern aus (vgl. V. 703).
Aber als der Prinz wider Erwarten von dem Kurfürsten gefangen genommen und zum Tode verurteilt wird, hält Natalie an ihrer Liebe zu ihm fest und wendet sich gegen ihre Heirat mit dem schwedischen König, die den Frieden festigen soll.
Auf Anregung der Kurfürstin will sie gerade bei ihrem Onkel für den Prinzen bitten (vgl. V. 955 ff.), als der Prinz von Homburg zu ihnen kommt. Dieser wendet sich jedoch nur an die Kurfürstin und fleht sie um Rettung an. Er wirkt völlig aufgelöst, da er auf dem Weg sein offenes Grab gesehen hat. Sein Anblick bringt Natalie zum Weinen. Letztendlich verleugnet der Prinz von Homburg sogar seine Gefühle für die Prinzessin, da er glaubt, dass seine Verbindung mit ihr ein Ärgernis für den Kurfürsten bedeute, schließlich habe dieser sie zum Unterpfand für den Frieden mit Schweden bestimmt; ihr selbst rät er, in ein Kloster zu gehen.
In diesem Moment verändert sich das Verhalten der Prinzessin: Sie hört auf zu weinen und „mutig und erhebend, indem sie aufsteht und ihre Hand in die seinige legt“ (Regieanweisung nach V. 1 052), schickt sie ihn wieder in die Haft und fordert ihn auf, auf seinem Rückweg erneut sein Grab zu betrachten. Sie selbst entscheidet sich, für ihn ein Wort bei ihrem Onkel einzulegen. Ab diesem Zeitpunkt tritt Natalie selbstbewusst auf und handelt autonom. Der Prinz von Homburg erblickt in ihr nun einen „Engel“ (V. 1 063) und ein „Hoffnungslicht“ (V. 1 068).
Im ersten Auftritt des vierten Akts kommt es dann zum entscheidenden Streitgespräch zwischen Natalie und dem Kurfürsten. Zunächst fleht sie ihn auf Knien um Gnade für den Prinzen an. Dessen Fehlverhalten begründet sie mit dem allzu großen Eifer, den Ruhm des Kurfürsten zu vermehren (V. 1 102), und mit seinem jugendlichen Temperament (V. 1 105 f.). Als ihr Ziehvater sie jedoch auf das Gesetz hinweist, beruft sie sich auf die Bedeutung von Gefühlen (V. 1 130) und die Stärke des Vaterlandes. Da der Kurfürst erkennt, dass der Prinz von Homburg allein an seine Rettung denkt und um Gnade fleht, setzt er einen Brief auf, in dem er anbietet, die Anklage fallenzulassen, wenn der Prinz seine Verhaftung für ungerecht halte.

Natalie durchschaut dieses Spiel ihres Onkels zunächst nicht. Obwohl sie an die Begnadigung glaubt, setzt sie dem Wunsch ihres Regiments gemäß zusätzlich ihren Namen unter eine Bittschrift für den Prinzen. Erst als der Prinz den Brief ihres Onkels laut vorliest, erkennt sie dessen List (Regieanweisung nach V. 1 313: „Natalie erblasst.“). Sie fordert den Prinzen auf, ja drängt ihn sogar aus Angst um sein Leben, das Angebot ihres Onkels sofort anzunehmen. Jedoch gewinnt der Prinz am Ende des vierten Auftritts im vierten Akt ihre Achtung gerade dadurch wieder, dass er sich zu seiner Schuld bekennt und die Begnadigung ablehnt: „Nimm diesen Kuss! – Und bohrten gleich zwölf Kugeln / Dich jetzt in Staub, nicht halten könnt ich mich, / Und jauchzt und weint und spräche: du gefällst mir!“ (V. 1 386 ff.)
Im Anschluss hieran folgt Natalie ihrem Herzen (vgl. V. 1 390) und unterstützt durch die Order an Obrist Kottwitz, sofort nach Fehrbellin zu kommen, eine Revolte gegen den Kurfürsten. Schließlich veranlassen die Bittschrift, die Argumentation Kottwitz’ und des Grafen Hohenzollern sowie die Erkenntnis, dass der Prinz zu seiner Schuld steht, den Kurfürsten zur Begnadigung Homburgs.
Wie Iphigenie wird Natalie zunächst von der Männerwelt wie ein Objekt behandelt – so soll sie zum Unterpfand des Friedens verheiratet werden –, doch gewinnt auch sie im Drama eine immer größere Autonomie. Sie übernimmt Verantwortung im Kampf für den Prinzen (Auftritt vor ihrem Onkel, Unterschrift in der Bittschrift, Order an Kottwitz) und verfolgt konsequent ihr Ziel, den Prinzen zu retten. Im Gegensatz zu Iphigenie wird sie hauptsächlich von eigenen Interessen geleitet; sie verkörpert kein humanistisches Ideal, sondern ist lebensechter gestaltet und impulsiver. Der ihre Lage genau reflektierenden Iphigenie steht die emotionale Natalie gegenüber. Während sich Iphigenie im Kampf um das Leben ihres Bruders für das klärende Gespräch und die Wahrheit entscheidet und dabei friedliche Lösungen den männlichen Waffen vorzieht, verfolgt Natalie mehrere Strategien und ist auch zu drastischeren Schritten, der Rebellion gegen ihren Onkel, bereit.

M 14 Den Charakter Orests analysieren

1 Orest verrät Entschlossenheit und Bewunderung für die Priesterin, wenn er sich entscheidet, gegenüber Iphigenie ehrlich zu sein (vgl. V. 1 076 –1 081), was durch den Halbvers „Sei Wahrheit!“ besonders hervorgehoben wird. Und auch auf die Enthüllung seiner Identität wird durch das Ausrufezeichen ein besonderer Fokus gelegt. Weiterhin offenbart Orest, der schwer unter seiner Schuld leidet, Iphigenie gegenüber seine Todessehnsucht (vgl. V. 1 082 ff.), allein für Pylades und Iphigenie erhofft er selbstlos Rettung (vgl. V. 1 085–1 088). Auch scheint er Menschenkenntnis zu besitzen, da er bemerkt, dass Iphigenie „wider Willen“ (V. 1 087) auf Tauris lebt.

2 Orest glaubt an die Erfüllung seines Fatums, seines Schicksals als Tantalide, der Brudermord erscheint ihm bedingt durch sein und Iphigenies unausweichliches Schicksal. Götter haben für ihn die absolute Macht und sie handeln unmenschlich. Deshalb fordert er Iphigenie auf, mit ihm in den Tod zu gehen.

M 15 Eine Illustration zum Drama untersuchen

Das Bild von Angelika Kauffmann gibt den Inhalt des dritten Auftritts vom dritten Aufzug wieder. Dargestellt ist in der Mitte sitzend Orest, der gerade aus seiner Vision der Unterwelt erwacht ist und nun von den Erinnyen befreit ist. Rechts neben ihm steht Pylades, der sich zu ihm beugt und seine Hand hält (vgl. V. 1 332–1 338). Links von Orest ist Iphigenie dargestellt, die sich ihm zuneigt. Ihre Hand liegt auf Orests Schulter (vgl. V. 1 325–1 331). Während Orest zuvor noch eine Berührung durch Iphigenie voller Argwohn ablehnte (V. 1 205), wendet er sich ihr nun zu und streckt ihr seine Hand entgegen (vgl. V. 1 341 f.: Lass mich zum ersten Mal mit freiem Herzen / In deinen Armen reine Freude haben!). Dieses Wiederfinden der beiden Geschwister und die Erlösung Orests von den Erinnyen und dem Familienfluch, seine Katharsis, bezeichnet Goethe in seinem Brief an Charlotte von Stein als „Achse des Stücks“, ab hier wendet sich das Geschehen und eine Rettung der Geschwister wird möglich.

M 16 Orests Katharsis untersuchen

- „mit freiem Herzen“ / „reine Freude“: Orest fühlt sich von den Erinnyen und seinem Verfolgungswahn befreit; während er vorher eine Berührung Iphigenies aus Argwohn abgelehnt hat, sucht er nun ihre Umarmung.
- „schwere Wolken aufzuzehren“ / „den lang erflehten Regen“: Orest fühlt sich von der Last seiner Schuld, den schweren Wolken, befreit und spürt, dass er von seinen inneren Spannungen erlöst wird, sie werden wie durch Regen weggespült.
- „der Menschen grausendes Erwarten / In Segen auflöst und das bange Staunen / In Freudeblick und lauten Dank verwandelt“: Auf Tauris hat Orest eigentlich eine Bestrafung und eine weitere Erfüllung seines Fatums als Tantalide erwartet, stattdessen findet er seine verloren geglaubte Schwester wieder und erkennt in einer Vision den Unterschied zwischen der Urschuld (Tantalus’ Hybris bleibt in seiner Vision weiterhin unter Strafe) und der Erbschuld der Tantaliden (sie leben friedlich zusammen im Tartarus, alle Fehden sind beigelegt).
- „neue Sonne“: Für Orest beginnt nach seiner Katharsis ein neues Leben.
- „Den grauen Flor der letzten Wolken trennt“: Hierbei handelt es sich um eine Fortführung des Bildes aus Vers 1 344: Auch von den letzten Sorgen wird Orest bei seinem Neubeginn befreit.
- „Es löset sich der Fluch, mir sagt’s das Herz“: In ihm keimt neue Hoffnung, dass er und sein Geschlecht von dem Tantalidenfluch befreit werden.
- „Die Erde dampft erquickenden Geruch“: Er empfindet neue Lebensfreude, seine Todessehnsucht hat er überwunden.

M 17 Die Funktion der Pylades-Figur erläutern

Während Orest seines Lebens überdrüssig ist, möchte Pylades weiterleben (vgl. V. 596f.). Zudem glaubt er nicht wie Orest fatalistisch an ein unausweichliches Schicksal, sondern denkt optimistisch, dass die eigenen Taten über das Schicksal entscheiden (vgl. V. 715ff.).
Er möchte noch „kühne Taten“ (V. 767) vollbringen und sich so Ruhm erwerben, sein Vorbild ist hierbei Odysseus: Wie dieser scheut er sich nicht, Intrigen und List bei seinem Handeln einzusetzen (vgl. V. 762–767). Orest hingegen favorisiert die Wahrheit und glaubt, Lügen allein bei Fremden als Falle einsetzen zu dürfen (vgl. V. 1 078–1 081). Pylades bleibt nicht passiv wie Orest, sondern plant und handelt, er treibt Iphigenie und Orest sogar zum schnellen Handeln an, um die Rettung nicht zu gefährden (vgl. V. 1 365–1 368). Durchgängig zeigt er sich pragmatisch und kalkulierend, er fällt seine Entscheidungen ruhig und unterstützt mit „Rat und Hülfe“ andere (vgl. V. 1 382–1 389). Dieser Vergleich bestätigt, dass Pylades als Gegenfigur zu Orest angelegt ist – zumindest vor dessen Katharsis. Nach dieser wird jedoch auch Orest optimistischer, er schöpft Hoffnung, glaubt an eine Veränderbarkeit des Schicksals und wird selbst aktiv, als er Iphigenie im vierten Auftritt des fünften Aufzugs zur Flucht abholen möchte.

M 18 Die Entwicklung von Thoas erarbeiten

1 Die Aussage Arkas' widerlegt Thoas' Begründung, dass die „Menge […] das Opfer dringend forder[e]“ (V. 521), und stützt die Vermutung, dass der König die Opfer nach der Ablehnung seines Heiratsantrags aus verletztem Stolz wiedereinführt und so Iphigenie unter Druck setzt.

2 In seinem Monolog äußert der König seine Enttäuschung über Iphigenie, die ihm zuvor „heilig“ (V. 1 784) erschienen ist, die er aber nun als eigennützig wahrnimmt (vgl. V. 1 799). Nachdem ihre „Schmeichelei“ bei ihm nicht mehr wirke, versuche sie, ihn mit „List und Trug“ zu hintergehen (vgl. V. 1 801f.).
Er selbst erklärt sich die Veränderung ihres Verhaltens mit seiner zu großen „Nachsicht“ und „Güte“ (V. 1 786) ihr gegenüber und durch Freiheiten, die er ihr gelassen hat (vgl. V. 1 788f.). Deshalb macht er sich selbst Vorwürfe, ihr gegenüber zu gütig gewesen zu sein und sie nicht wie seine Ahnherren mit „rohe[r] Hand“ behandelt zu haben (vgl. V. 1 789–1 796).

3 Mit den Bezeichnungen „rohe[r] Skythe“ und „Barbar“ (V. 1 937) verweist Thoas ironisch auf den Hochmut und die Vorurteile der Griechen anderen Völkern gegenüber. Es scheint ihm fraglich, dass eine Griechin einem Taurer mehr Menschlichkeit zutraut als einem Griechen.

4 Obwohl Thoas von Arkas als ein Patriarch und absoluter Herrscher charakterisiert wird, der von seinen Untergebenen Gehorsam verlangt (vgl. V. 136f.), erweist er sich auch in anderen Passagen im Drama als sehr menschlich: Er geht auf Iphigenies Wünsche ein (vgl. V. 99f.), zeigt Trauer um den Tod seines Sohnes (vgl. V. 231ff.) und Angst vor der Einsamkeit (vgl. V. 161f.).
Allein nach der Zurückweisung seines Heiratsantrags fällt er in barbarische Denkmuster zurück und greift alte Traditionen auf, indem er wieder Menschenopfer fordert.
Durchweg wird er als tapfer und als intelligent dargestellt: So führt er sein Volk „weis[e]“ (V. 134), hinterfragt die Fatumgläubigkeit (vgl. V. 327), spielt ironisch auf Klischees an (vgl. V. 499ff., V. 1 936–1 939) und durchschaut Iphigenies Lüge. Iphigenie sieht in ihm nicht nur einen „edle[n] Mann“ (V. 33), sondern auch einen „zweite[n] Vater“ (V. 1 641, vgl. V. 2 004). Im Gespräch mit Iphigenie zeigt er sich fast ebenbürtig, auch er argumentiert. Sogar als er eigentlich die Rückkehr zu den barbarischen Bräuchen angeordnet hat (V, 2), lässt er sich auf ein Gespräch mit Iphigenie ein und gibt ihr so die Möglichkeit, ihr Verhalten zu überdenken und zu ändern. Deshalb passt die Einlösung seines Versprechens zu dem im Drama von ihm vermittelten Bild.

5 Erst die Erkenntnis des Orest, dass in dem Ausspruch Apolls: „Bringst du die Schwester zu Apollen hin, / Und wohnen beide dann vereint zu Delphis, Verehrt von einem Volk das edel denkt; / So wird für diese Tat das hohe Paar / Dir gnädig sein, sie werden aus der Hand / Der Unterird'schen dich erretten.“ (V. 722–727) nicht die Schwester des Gottes, sondern Orests Schwester Iphigenie gemeint ist, ermöglicht ihre Heimkehr. Als Orest Thoas auf den Irrtum hinweist und betont, dass man nicht um das Götterbild streiten müsse (vgl. V. 2 107), verzichtet der König auf einen Zweikampf und lässt sie ziehen.

6 In den abgebildeten Aufführungen wird Thoas ganz konträr dargestellt: einmal als Barbar mit Vollbart und Irokesenschnitt, einmal als Businessman. Die erste Variante spiegelt die griechische Sicht wider, dass die Taurer ein unzivilisiertes und unkultiviertes Volk sind – darauf deuten auch die gestapelten Totenköpfe hin. Zeichnet man Thoas auch optisch als Barbaren, ist der Gegensatz zu seinem humanen Handeln umso größer. Die zweite Inszenierung aktualisiert den Stoff und stellt den König offenbar positiver dar. Thoas wirkt nicht fremd, sondern noch deutlicher wie Iphigenies Vater.

M 19 Das Drama in Bezug zur Aufklärung setzen

1 Für Kant ist die Unmündigkeit dann selbstverschuldet, wenn die Ursache dieser Unmündigkeit „nicht am Mangel des Verstandes, sondern der Entschließung und des Mutes liegt, sich seiner ohne Leitung eines andern zu bedienen“ (Z. 6 ff.). Gründe für diesen Mangel an Entschlussfreudigkeit sieht Kant in der „Faulheit und Feigheit“ (Z. 11) und in der Bequemlichkeit (vgl. Z. 16 f.) der Menschen. Sie lassen lieber andere für sich denken.

2 Die Aufklärung gestalte sich für den Einzelnen schwierig, da er sich so an seine Unmündigkeit gewöhnt habe, dass ihm das Benutzen seines Verstandes schwerfalle (vgl. Z. 41 ff.). „Ein Publikum“ könne sich jedoch eher aufklären (Z. 58 f.), da es in einer Gruppe „immer einige Selbstdenkende“ (Z. 61) gebe, die „den Geist einer vernünftigen Schätzung des eigenen Werts und des Berufs jedes Menschen, selbst zu denken, um sich verbreiten“ (Z. 64–67) können. Jedoch braucht der Prozess der Aufklärung Zeit (vgl. Z. 75 f.), eine Revolution führt in den Augen Kants nie zu einer „wahre[n] Reform“ (Z. 76–80). Wichtigste Voraussetzung für Aufklärung sei die Freiheit, „von seiner Vernunft in allen Stücken öffentlichen Gebrauch zu machen“ (Z. 86 f.).

3 Mögliche Stellungnahmen könnten sein: Iphigenie ist am Ende des Dramas ein aufgeklärter Charakter im Sinne Kants. Im Laufe des Stücks wird sie immer autonomer, sie befreit sich aus ihrer selbstverschuldeten Unmündigkeit, so z. B. als sie sich nach langer Überlegung (Sapere aude!) gegen Pylades' List für die Wahrheit entscheidet und ab diesem Moment selbst Verantwortung für ihr Handeln übernimmt. Zuvor schon belastet sie ihr Gefühl der Abhängigkeit von Pylades, sie fühlt sich unmündig, „wie ein Kind“ (V. 1 402), sodass Kants Vorwurf der Bequemlichkeit auf sie nicht zutrifft.
Thoas hingegen setzt von Anfang an seinen Verstand ein und hinterfragt kritisch Äußerungen. Seine Rationalität wird nur in wenigen Momenten von seinen Emotionen verdrängt (z. B. nach der Ablehnung des Heiratsantrags durch Iphigenie). Auch wenn er Iphigenies Bitten nachgibt, scheint er von ihr überzeugt worden zu sein. Im ganzen Stück entscheidet er selbstständig und unterwirft sich keiner Leitung. Zur Humanität wird er hingegen erst durch Iphigenie geführt.

M 20 Positionen der Klassik mit dem Drama vergleichen

1 In seiner Betrachtung möglicher Ersatzbegriffe stellt Herder fest, dass diese entweder inzwischen negative Konnotationen beinhalten, z. B. denkt man bei dem Begriff „Menschlichkeit“ auch an „Niedrigkeit, Schwäche und falsche[s] Mitleid“ (Z. 10). Oder die Begriffsalternativen sind untrennbar mit anderen Begriffen verbunden, z. B. die Bezeichnung „Menschenrechte“ mit „Menschenpflichten“ – dagegen fehlt ein Wort, das beide Begriffe umfasst, (vgl. Z. 24 ff.). Wiederum andere sind im Sprachgebrauch

trivialisiert worden, z. B. „Menschenliebe" (vgl. Z. 33–36), oder stellen eine Wunschvorstellung dar, z. B. „Menschenwürde" (vgl. Z. 27–31). Keiner der Begriffe wird somit dem allumfassenden Begriff „Humanität" gerecht, deshalb hält Herder an diesem fest.

2 Humanität beinhaltet im Sinne Herders den „Charakter unsres Geschlechts" (Z. 42), der bei unserer Geburt jedoch nur ansatzweise in uns vorhanden ist und noch ausgebildet werden muss (vgl. Z. 42 ff.). Humanität soll „Ziel unsres Bestrebens [und] die Summe unsrer Übungen, unser Wert sein" (Z. 46 f.), sie ist die „Kunst unsres Geschlechtes" (Z. 58 f.). Die „Bildung zur Humanität" (Z. 51) ermöglicht das Göttliche in der Menschheit. Wird sie nicht ununterbrochen weitergeführt, sinkt der Mensch – unabhängig von seinem Stand – „zur rohen Tierheit, zur Brutalität zurück" (Z. 61 f.).

3 Iphigenies Worte entsprechen Herders Annahme, dass in jedem Menschen die Anlagen zur Humanität vorhanden sind.
Sowohl an der Entwicklung Iphigenies als auch an derjenigen von Thoas kann man Gefahren und Möglichkeiten der Bildung zur Humanität aufzeigen. Iphigenie handelt zwar schon zu Beginn des Dramas human, indem sie die Abschaffung der Menschenopfer durchsetzt und auch weiterhin zur Rettung der Gefangenen beitragen möchte. Als jedoch das Leben von ihrem Bruder, dessen Freund und ihr selbst gefährdet ist, weicht sie von dem Weg der Humanität ab und lässt sich von Pylades zu List und Betrug überreden. Jedoch findet sie selbst – durch Gewissensbisse geplagt – wieder zu ihren Werten zurück und entschließt sich, Thoas den Plan zu offenbaren.
Anhand Thoas' Entwicklung kann man deutlich die von Herder aufgezeigte Gefahr des Rückfalls „zur rohen Tierheit, zur Brutalität" (Z. 61 f.) nachvollziehen, die besteht, wenn man nicht kontinuierlich an seiner Humanität arbeitet. Obwohl Thoas unter Iphigenies Einfluss immer humaner handelt, regrediert er zweimal in die Barbarei – und zwar immer dann, wenn er an Iphigenies Zuneigung zu ihm zweifelt und er von seinen Emotionen überwältigt wird. Beim ersten Mal reaktiviert er die Traditionen der Taurer: Nach der Ablehnung seines Heiratsantrags verlangt er, dass Iphigenie wieder Menschenopfer für Diana durchführt. Beim zweiten Mal denkt er über eine Rückkehr zu den rohen Mitteln seiner Ahnen nach, da er glaubt, dass seine Milde und Güte Iphigenie zum Verrat an ihm verleitet haben.

M 21 Goethes Drama mit seiner Vorlage vergleichen

1 In dem Drama von Euripides kommt es im Gegensatz zu Goethes Darstellung nicht zu einer Verhaltensänderung bei Iphigenie. Bis zuletzt hält sie an ihrer Intrige, heimlich mit ihrem Bruder, dessen Freund und der Statue der Diana von Tauris zu fliehen, fest. Durch einen Botenbericht erfährt Thoas von ihrem Plan und befiehlt die „sofortige Verfolgung der Verräter" (Z. 5). Erst als die Göttin Athene als Dea ex machina in die Handlung eingreift (vgl. Z. 6 f.), lässt er Iphigenie ziehen. Somit zeigt auch Thoas in dem antiken Drama keine Humanität. In Goethes Version erkennt Thoas selbst aufgrund von Arkas' Bericht Iphigenies Veränderung und er prüft ihre Einstellung in einem Gespräch mit ihr (V,3, vgl. V. 1 807). In diesem wird Iphigenie auch klar, dass ihre Vorbehalte gegenüber Pylades' Plan berechtigt waren, und sie entscheidet sich, die Intrige aufzudecken und ehrlich zu Thoas zu sein. Noch größere Humanität beweist Thoas: Entgegen seinen politischen und persönlichen Interessen lässt er Iphigenie ziehen. Beide Charaktere handeln somit autonom. Die Handlung in Goethes Drama bedarf nicht des unvermittelten Eingreifens einer Göttin.

2 Bezeichnung für das plötzliche Auftreten einer Gottheit oder anderer Mächte, die in einer verfahrenen Situation oder einem eskalierenden Konflikt unerwartet eine Lösung bringen. Früher wurde der Auftritt technisch durch eine Bühnenmaschine ermöglicht, daher stammt die Bezeichnung „Dea / Deus ex machina" (Göttin/Gott aus der Maschine).

M 22 Zu einer Interpretation Stellung nehmen

1 Dieter Borchmeyer nimmt in seiner Kritik besonders die Darstellung des Königs Thoas in den Blick. Er stellt fest, dass dieser am Ende des Dramas nur einen geringen Redeanteil von „vier Wörter[n]" (Z. 5) hat und „mehr und mehr verstummt" (Z. 3). Als mögliche Ursachen dieser Sprachlosigkeit führt er dessen „Schmerz" (Z. 9) oder dessen „Verbitterung" (Z. 11) an. Für Borchmeyer scheint es gewiss, dass Thoas am Ende des Dramas „innerlich zerrüttet" (Z. 13) zurückbleibt. Nur er muss am Ende „Opfer [...] bringen" (Z. 45 f.) und auf Iphigenie verzichten. Für Iphigenie, Orest und Pylades bedeutet die Lösung des Dramas reinen Gewinn, deshalb bezeichnet Borchmeyer Iphigenies Worte „Du hast nicht oft / Zu solcher edeln Tat Gelegenheit" (V. 2 148 f.) als „gönnerhaft" (Z. 52) und zugleich grausam (vgl. Z. 53) und weist so auf den sarkastischen Unterton hin. Gleichzeitig stellt er die Humanität, die edle Gesinnung und die Zivilisation der Griechen infrage, da diese sie „nichts mehr kostet" (Z. 45). Für Borchmeyer verhält sich Thoas „weit edler" (Z. 15) als die Griechen. Obwohl er erst die Lösung ermöglichte, dürfe er an der „Humanität nicht teilhaben" (Z. 17 f.).

2 Teilt man Borchmeyers Meinung, könnte man auf die sehr unmittelbar eintretende Umentscheidung des Königs im letzten Auftritt eingehen (V. 2 151), zudem sind alle Ausführungen Borchmeyers im Drama belegbar, was seine Argumentation in sich schlüssig und stichhaltig macht.
Bei einer Ablehnung von Borchmeyers Kritik könnte man darauf verweisen, dass Iphigenie von Anfang an Bedenken gegenüber der List des Pylades hat, des Öfteren auf ihre enge Beziehung zu Thoas hinweist und so durchaus ihr Mitgefühl zeigt (z. B. V. 1 640 ff., V. 1 707–1 711); zudem stellt Thoas in den Auftritten drei und sechs im fünften Aufzug konkrete Fragen an Iphigenie und Orest, um sie zu testen. Seine Entscheidung scheint durchdacht und nicht durch Schmerz oder Verbitterung beeinträchtigt zu sein. Auch verzichtet er erst auf den Zweikampf, als Orest die wahre Bedeutung des Orakelspruchs erkennt und Thoas versichert, dass das Bildnis der Diana auf Tauris bleiben kann. Von Bedeutung für Thoas' letzte Entscheidung sind auch seine enge Beziehung zu Iphigenie und seine Humanität – er sucht das Gespräch, um Iphigenies Gesinnung zu erkunden (V. 1 807) und hält sein Wort –, sodass seine innerliche Zerrüttung fraglich erscheint.

3 Als eine Utopie werden in der Wirklichkeit nicht vorstellbare bzw. realisierbare Lösungen oder Vorstellungen bezeichnet. In diesem Sinne ist auch die Lösung in der *Iphigenie auf Tauris* utopisch, fraglich bleibt nämlich, ob auch in der Realität ein Machthaber Menschen, die ihn hintergangen haben und ihn bestehlen wollten, ohne Klage und ohne einen eigenen Nutzen freisprechen und gehen lassen würde.

4 Der Dalai Lama glaubt wie Iphigenie an die Veranlagung jedes Menschen zur Humanität und an die menschliche Lernfähigkeit. Deshalb zeigt er gegenüber China Geduld und hofft weiterhin auf eine Rückkehr nach Tibet. Zentrale Werte für ihn sind Mitgefühl, Ehrlichkeit, Ethik, Moral, Liebe, Güte, Respekt und Toleranz. Diese lebt er auch, z. B. indem er seinen Glauben nicht dogmatisch vertritt und strittige Fragestellungen offenlässt. Gegensätze wie „Emotionalität und Rationalität" vereint er in sich zu einem Ganzen. Von sehr großer Bedeutung ist für ihn die Gewaltfreiheit; das 17-Punkte-Abkommen unterschrieb er vor allem, um eine Zerstörung seines Landes zu verhindern.
Hervorzuheben ist, dass er seine Werte selbstlos vertritt und nicht wie Iphigenie zum Teil eigene Interessen (die Rettung ihres Bruders und ihre Heimkehr) verfolgt.

M 23 Kritiken zum Drama untersuchen und bewerten

1 Die beiden Bewertungen von Goethes Drama unterscheiden sich gravierend. Während Johann Jakob Bodmer es für „schlechter als das schlechteste unter Senecas Trauerspielen" (Z. 18 f.) hält und besonders die Sprache des Dramas – das Reden in „Sentenzen" (Z. 5) und „Sprüche[n]" (Z. 7) – sowie das Fehlen jeglicher Emotionen (vgl. Z. 9–14) kritisiert, lobt Justus Möser die „Verbindung des Simpeln und Hohen, des Wahren und Großen" (Z. 6 f.), die er „sowohl in den Taten als [auch] in den Gedanken" (Z. 7 f.) erblickt. Weiterhin meint Möser, dass in dem Drama die „genaue griechische Sitte, Tugend

und Denkungsart“ (Z. 1 f.) erfasst sei. Beide Kritiker sind sich jedoch einig, dass das Stück nur einen Teil des Publikums erreicht. Bodmer unterstellt Goethe, dass er es aus „Stolz“ (Z. 20) nur einem „Teil der Nation“ (Z. 21) zugänglich machen wolle; Möser hingegen denkt, dass die Zuschauer keinen Zugang zum Stück fänden, da die Antike für sie zu weit entfernt sei und ihre Interessen sich „durch die französische Zärtlichkeit“ (Z. 14 f.) verändert hätten. In seinen Augen ist *Iphigenie* ein „Stück für Kenner“ (Z. 16 f.).

2 Die Lösung dieser Aufgabe sollte an die Ergebnisse der ersten Aufgabe anknüpfen und die Kritiken durch eigene Eindrücke entweder widerlegen oder belegen.

M 24 Eine parodistische Nacherzählung analysieren

1 Bei der Zusammenfassung handelt es sich nicht um eine sachlich-richtige Wiedergabe des Textinhalts. Der Verfasser kommentiert das Geschehen und verzerrt es. Zudem differenziert er nach unterschiedlichen Adressatengruppen.

Der Ton des Textes ist durchgehend ironisch (vgl. Z. 5 ff.: „Als ihr Vater [...] gegen Troja losmarschierte, sollte sie auf dem Opferstock getötet werden, was damals noch für gutes Wetter sorgte.“). Hierdurch distanziert sich der Verfasser von dem Geschehen und stellt die Glaubwürdigkeit der Ereignisse infrage, was man jedoch nur erkennt, wenn man die Inhalte des Mythos und des Dramas kennt, z. B. weiß, dass Agamemnon Iphigenie in Folge eines Orakelspruchs opfern musste, da die griechische Flotte ansonsten wegen einer Windflaute nicht nach Troja hätte starten können.

An einigen Stellen des Textes kommentiert der Verfasser auch direkt, z. B. indem er auf einen möglichen Tippfehler bei Agamemnon hinweist (Z. 6 f.) oder seine eigentlichen Erwartungen an den Handlungsverlauf des Dramas in seine Darstellung einbringt: „Nach den Erfahrungen, die sie mit Griechen, besonders mit der eigenen Familie, gemacht hat, müsste ihr das Opfermesser in diesem Fall normalerweise locker in der Scheide sitzen“ (Z. 23 ff.).

Die Sprache ist bildlich (vgl. Z. 20 f.: „ins Jenseits befördern“, Z. 38: „die Koffer packt“) und es werden auch Anglizismen (vgl. Z. 1: „Story“) und Bezeichnungen aus der Gegenwart (vgl. Z. 16: „Planstelle“) genutzt, hierdurch wird der Inhalt des in einer Kunstsprache verfassten Dramas dem Leser auf witzig-pointierte Weise nähergebracht.

2

Textstelle	Geschehen im Originaltext	Wirkung der Darstellung
Als ihr Vater, der Griechen-König Agamemnon [...] gegen Troja losmarschierte, sollte sie auf dem Opferstock getötet werden, was damals noch für gutes Wetter sorgte. (Z. 5–9)	Die Griechen konnten wegen einer anhaltenden Windstille nicht von Aulis losfahren. Da Agamemnon auf einer Jagd die Göttin Diana beleidigt hatte, forderte diese nun als Sühne das Opfer einer Jungfrau.	ironisch, die Ausnahmesituation wird verallgemeinert, das Menschenopfer für gutes Wetter scheint alltäglich zu sein, Bedenken scheint es nicht gegeben zu haben; so wird besonders die Grausamkeit und Unmenschlichkeit des Rituals betont
Davon hielt sie nichts, und deshalb ist sie abgehauen. (Z. 10 f.)	Diana rettete Iphigenie, indem sie statt ihrer eine Hirschkuh auf den Altar legte und Iphigenie in einer Wolke nach Tauris entrückte.	vom Original abweichende Darstellung: Während Iphigenie im Mythos ihrer Opferung zustimmte, lehnt sie diese hier offenbar ab und entflieht selbst – sie erscheint schon hier als autonom Handelnde mit eigenem Willen
Nach den Erfahrungen, die sie mit Griechen, besonders mit der eigenen Familie, gemacht hat, müsste ihr das Opfermesser in diesem Fall normalerweise locker in der Scheide sitzen, aber Orest hat inzwischen den König Agamemnon umgebracht, und das lässt sie zögern. (Z. 23–27)	Im Drama ist sie trotz ihrer Opferung immer noch voller Achtung für ihren Vater (vgl. V. 45), sie denkt nicht an Rache, sondern möchte möglichst schnell wieder zu ihrer Familie zurück.	Iphigenie wird als rachsüchtig dargestellt.

Textstelle	Geschehen im Originaltext	Wirkung der Darstellung
Sie gesteht dem Taurier-König Thoas den Fluchtplan, und der tobt vor Wut, ist dann über diese Blödheit so entsetzt, dass er die drei Griechen so schnell wie möglich loswerden will und froh ist, als auch Iphigenie die Koffer packt. (Z. 33–38)	Auch im Drama gesteht Iphigenie den Fluchtplan, Thoas lässt sie nach einem längeren Gespräch, in dem ihn die Priesterin an sein Versprechen erinnert und in dem ihm zugesichert wird, das Götterbild behalten zu können, ziehen.	negative Bewertung der Entscheidung Iphigenies zur Wahrheit Umdeutung des Endes und der Gefühle des Königs
Griechische Emigrantin vermasselt sich durch falsche Grundsätze Heirat mit wohlhabendem König. (Z. 40ff.)	Iphigenie entscheidet sich bewusst gegen eine Heirat, da sie sich die Möglichkeit, nach Hause zurückzukehren, nicht verbauen möchte.	Äußerung des Unverständnisses bezüglich Iphigenies Entscheidung

3 Einerseits fügt der Verfasser dem letzten Zitat einen direkten Kommentar in Klammern an, mit dem er seine Verwunderung über Iphigenies positive Gefühle ihrer Familie gegenüber äußert, die sie im Stich gelassen hat.
Andererseits findet sich auch in dem Zusatz „(?)" (Z. 55) eine indirekte Kommentierung: Durch das Fragezeichen stellt der Verfasser das Zitat infrage. Worauf seine Zweifel sich genau beziehen (z. B. dass Frauen Männer durch ihre Worte weiterbringen oder konkreter, dass Thoas von Iphigenies Anleitung profitiert) bleibt offen, sodass der Leser selbst aufgefordert wird, über dieses Zitat nachzudenken. Zudem stellt schon die Auswahl der Zitate eine Bewertung dar.

Musterklausur 1

Aufgaben zur Vorbereitung der 1. Teilaufgabe

1 analysieren: Erfassung, Beschreibung und Untersuchung eines Textes unter Beachtung des Zusammenhangs von Textstruktur und -intention, der Argumentationsweise, semantischer und syntaktischer Elemente und ihrer sprachlichen Funktion und der Wirkung; anschließend Formulierung reflektierter Schlussfolgerungen
erklären: differenzierte Darstellung der Textaussagen (bzw. hier der Bedeutung der Zitate) auf der Grundlage der eigenen Kenntnisse und Einsichten mit zusätzlicher Veranschaulichung durch weitere Informationen und Beispiele

2
- Aussagen zu Inhalten der Klassik
- Aussagen zu Forderungen der Klassik
- Aussagen zu Goethes Entwicklung und Menschenbild

3 einschränkend

4
- „schöne Seele"
- das „Gebot der Humanität"

5 Der Sachtext mit dem Titel *Klassik* von Hermann Glaser, Jakob Lehmann und Arno Lubos aus dem von ihnen 1962 veröffentlichten Werk *Wege der deutschen Literatur. Ein Lesebuch* gibt einen Überblick über die Merkmale und Ideen der Epoche der Klassik.

6

	Zeilen	Überschrift
1	1–29	Inhalte, Menschenbild und Ziele der Klassik
2	30–62	Entwicklung und Gedankengut des Dichters Johann Wolfgang Goethe

7

Thesen	Zeilen	Wiedergabe mit eigenen Worten
• „Der Ausdruck der Klassik will besagen, dass hier das dichterische Bemühen um etwas Musterhaftes, Vorbildliches den Stand hoher Vollendung erreichte."	1–3	• den Dichtern der Klassik gelang es mehr als anderen, Musterhaftes und Vorbildliches darzustellen
• Die „Rückkehr zur Antike" [...]trat demgegenüber zurück.	4–6	• das Ziel des Musterhaften war zentraler als die Anknüpfung an die Antike
• „In der Klassik erscheint der Mensch unter dem Anspruch von Freiheit und Humanität in seiner Gottähnlichkeit, als höchstes der natürlichen Lebewesen [...]."	6–9	• die Ähnlichkeit des Menschen mit Gott spiegelte sich nach Auffassung der Klassiker in seiner Freiheit und Humanität wider, deswegen wurde ihm mehr Wert als allen anderen Lebewesen zugesprochen
• „Dies hohe Ziel konnte nur von Dichtern erreicht werden, die durch die Weite, Tiefe und Kraft künstlerischer Genialität ausgezeichnet waren; sie fanden sich in Johann Wolfgang Goethe und Friedrich Schiller."	10–14	• nur wenige geniale Dichter, z. B. Goethe und Schiller, konnten den Ansprüchen der Klassik gerecht werden
• „Beide [Goethe und Schiller] führten fort, was in den vorangegangenen Epochen schon vorbereitet worden war: den Entwicklungsgedanken Lessings, [...], das Harmoniestreben Wielands, den Irrationalismus Hamanns, das Schönheitsideal Winckelmanns, das Humanitätsbewusstsein Herders."	14–19	• Dichter der Klassik nahmen Gedanken der vorherigen Epochen, z. B. der Aufklärung, auf und bauten darauf auf
• „[D]as Menschliche schlechthin in seiner Vollendung und Abgründigkeit wird in den bedeutendsten Werken der Klassik auf eine einmalige Weise nachvollziehbar gemacht [...]."	21–25	• insbesondere die Werke der Klassik vermitteln einen Einblick in das Menschliche (Vollendung und Abgründigkeit)
• „Die Aufforderung zur alles versöhnenden Menschlichkeit ist dabei das wichtigste Vermächtnis an die nachfolgenden Generationen geblieben."	26–29	• zentral war in der Epoche der Klassik das Ideal der Humanität, das überzeitlich gültig ist

8 Goethes Sturm-und-Drang-Zeit:

- „chaotisch-bewegte[s] und mutige[s] Vorbild der Stürmer und Dränger"
- individuelles Wollen, Gefühl der Einmaligkeit
- Stolz, Trotz
- titanisch, prometheisch
- Ich-Bezogenheit

Goethe als Klassiker:

- Anerkennung von Maß, Gesetz und Ordnung
- Intellekt, Anerkennung überindividueller Gesetze
- Gebot der Humanität
- unermüdliches Streben, Ringen mit sich
- Ideale: Schönheit, Harmonie, Sozietät

9 Die Bezeichnung „schöne Seele" (Z. 9 f.) spricht dem Menschen Autonomie, Humanität (vgl. Z. 7 f.) und Wahrheitsliebe (vgl. Z. 59 f.) zu und stellt ihn durch diese Werte über alle anderen Lebewesen (vgl. Z. 7 ff.).

10 a Da Humanität für Goethe keinen Besitz darstellte, sondern „Ziel eines unermüdlichen Strebens" (Z. 54 f.) war, ist sie dynamisch und muss erworben und immer weiter ausgebildet werden. Hierauf verweist auch die Bezeichnung „Gebot", welche auch die Bedeutungen „Weisung, Richtschnur" und „Angebot" beinhaltet.

b Humanität zeigt sich nach Goethe in der Idee der Schönheit, dem Anspruch auf Wahrheit, in dem Streben nach Harmonie und Sozietät (vgl. Z. 56–62).

Aufgaben zur Vorbereitung der 2. Teilaufgabe

1
- zusammenfassen: sachliche und fachsprachlich richtig formulierte Wiedergabe von Inhalten und Zusammenhängen mit eigenen Worten
- überprüfen: Untersuchung von Analyseergebnissen auf der Basis eigener Kenntnisse; Formulierung der Ergebnisse dieser Untersuchung

2 Äußeres Erscheinungsbild, besondere Merkmale, Auftreten, Herkunft, gesellschaftlicher Stand, Eigenschaften, Einstellungen, Motive, Ziele, Sprache, typische Verhaltensweisen, Selbstbild, Bewertung durch andere Figuren

3 Das 1787 erschienene Schauspiel *Iphigenie auf Tauris* von Johann Wolfgang Goethe wird der Epoche der Klassik zugeordnet und spiegelt deren Ideale in der Charakterisierung einzelner Figuren.

4

	Verse	Inhalt
1	1532–1565	Auftritt Pylades' mit freudigen Nachrichten (Heilung Orests, Finden des Schiffs und der Gefährten)
2	1566–1590	Iphigenies Bericht über ihr Gespräch mit Arkas
3	1591–1632	Variierung des Plans durch Pylades
4	1633–1645	Iphigenies Zweifel und Pylades' Versuch, sie zur Fortführung seines Plans zu überreden

5 a Vorgeschichte:
- Iphigenie wurde von der Göttin Diana auf die Insel Tauris entrückt und ist dort Priesterin
- nach ihrer Ablehnung des Heiratsantrags von Thoas führt dieser die Menschenopfer für Diana wieder ein
- Iphigenie soll zwei gefangen genommene Griechen (ihren Bruder Orest und dessen Freund Pylades) opfern
- sie fürchtet die Fortsetzung des Familienfluchs
- Pylades entwirft einen Fluchtplan: Iphigenie soll Thoas und Arkas vorspiegeln, das Göttinnenbild reinigen zu müssen; Griechen wollen Bild rauben, um Orest gemäß dem Orakelspruch des Apoll zu entsühnen
- Iphigenie handelt nach Pylades' Vorgaben, bekommt jedoch Gewissensbisse

b Folgen:
- Steigerung des inneren Konflikts Iphigenies
- Thoas hinterfragt ihr Vorgehen, da er durch Arkas' Bericht argwöhnisch geworden ist
- Iphigenie entscheidet sich für die Wahrheit und legt Thoas ihren Plan dar
- nach einer Aussprache und der Erkenntnis Orests, dass sie das Götterbild Dianas nicht mitnehmen müssen, steht Thoas zu seinem Wort und lässt sie ziehen

6 Mit „Last“ meint Pylades das Bild der Diana, das er zum Schiff tragen möchte. Seine Sehnsucht zielt auf die Erfüllung der Zusage Apolls, dass Orest von seinem Fluch erlöst werde, wenn die Schwester zu ihm nach Delphi gebracht werde.

7

	Pylades	Iphigenie
Argumente	• Ehrlichkeit gefährdet ihre Rettung (V. 1 579 f.) • als Priesterin stehe es ihr und nicht dem König zu, Weihungen anzuordnen (V. 1 596 f., vgl. V. 1 580 f.) • die guten Vorzeichen, z. B. Orests Heilung (V. 1 604–1 606) • die drohende „Schlachtung“ ihres Bruders (V. 1 643) • die Notsituation (V. 1 645)	• fühlt sich auch Arkas und Thoas verbunden, versteht sie (V. 1 588–1 590) • ihr Amt habe sie nie als Vorwand genutzt (V. 1 582) • Thoas sei ihr ein „zweiter Vater“ geworden (V. 1 641) • Thoas habe ihr Gutes getan (V. 1 644)
Motive	• Rettung der ihm Nahestehenden • Flucht mit dem Bild der Göttin (zur Befreiung Orests von dem Fluch)	• Rettung Orests und Pylades', eigene Heimkehr • Befreiung von dem Fluch • Sorge, den ihr lieb gewordenen König zu hintergehen

8 Pylades' Redeanteil ist deutlich größer als der von Iphigenie. Während diese mit dem Plan hadert und in sich gekehrt über ihre Zweifel nachdenkt, versucht Pylades, sie mit allen Mitteln (Hinweis auf den positiven Verlauf, Aufzeigen der Gefahren, Widerlegung ihrer Einwände, Erinnerung an ihre Verantwortung) für die Fortführung der Intrige zu gewinnen.

9

Textstelle	sprachliches Mittel	Deutung
Drum lass uns eilen, führe mich zum Tempel, Lass mich das Heiligtum betreten, lass Mich unsrer Wünsche Ziel verehrend fassen. *(V. 1 560 ff.)*	Anapher, Imperativ	Drängen Pylades', schnell das Bildnis der Göttin Diana zu holen und den Fluchtplan umzusetzen
Des Königs Bote kam, und wie du es Mir in den Mund gelegt, so sagt ich's ihm. *(V. 1 573 f.)*	Metapher	Iphigenie zeigt durch ihre Worte, dass sie selbst nicht hinter Pylades' Plan steht
Als eine Hülle hab ich's nie gebraucht. *(V. 1 582)*	Metapher	Iphigenie will die Macht ihrer Stellung als Priesterin nicht missbrauchen, in dieser Position möchte sie ehrlich und ethisch handeln
Vernehm ich dich, so wendet sich, o Teurer, Wie sich die Blume nach der Sonne wendet, Die Seele, von dem Strahle deiner Worte Getroffen, sich dem süßen Troste nach. *(V. 1 619 ff.)*	Vergleich	Iphigenie verweist auf Pylades' Überredungskunst und rednerische Fähigkeit; sie will ihm gerne glauben (wendet sich ihm zu) und schöpft aus seinen Worten Trost und Hoffnung (Bild der Sonne)

10

Pylades' Charakter, Motive, Verhalten	Forderungen der Klassik
Charakter: rhetorisch begabt, listig, pragmatisch	das Prinzip der Wahrheit, die alles versöhnende Menschlichkeit
Motive: Rettung und Heilung Orests, seine eigene Rettung	gesetzmäßiges Sollen, Anerkennung der überindividuellen Gesetzmäßigkeit
Verhalten: aktiv handelnd, vorausschauend	Autonomie, Klarheit des Intellekts

Fazit
Pylades besitzt zwar einen klaren Verstand und handelt autonom, richtet sein Handeln aber nur an seinen eigenen Interessen aus – das widerspricht den Idealen der Klassik.

11

Iphigenies Charakter, Motive, Verhalten	Forderungen der Klassik
Charakter: ehrlich, bedacht, dankbar	das Prinzip der Wahrheit, Klarheit des Intellekts, auf Werte der Gemeinschaft achten
Motive: Rettung ihres Bruders, ihre eigene Heimkehr Verhalten: hat Bedenken, Thoas zu hintergehen	im ständigen Ringen mit sich: Streben nach Humanität; Anerkennung der Interessen anderer

Fazit
Obwohl Iphigenie in dieser Szene noch nicht zum selbstbestimmten Handeln findet, erkennt man an ihrem Ringen mit sich selbst ihr unermüdliches Streben und Werte, die den Idealen der Klassik entsprechen (Ehrlichkeit, Gemeinschaftssinn etc.).

12 Durch die Unsicherheit Iphigenies darüber, wie sie sich verhalten soll (Fortführung der Intrige/ Aufdeckung dieser), werden der weitere Verlauf der Handlung und der Ausgang des Dramas unklar. Deshalb ist diese Szene Teil des retardierenden Moments, des Moments der letzten Spannung.

13 Der Sachtext mit dem Titel *Klassik* von Hermann Glaser, Jakob Lehmann und Arno Lubos aus dem von ihnen 1962 veröffentlichten Werk *Wege der deutschen Literatur. Ein Lesebuch* gibt einen Überblick über die Merkmale und Ideen der Epoche der Klassik.

Der Text lässt sich in zwei Sinnabschnitte einteilen. Während im ersten Abschnitt (Z. 1–29) die Inhalte, das Menschenbild und die Ziele der Klassik in den Blick genommen werden, behandelt der zweite Abschnitt (Z. 30–62) die Entwicklung und das Gedankengut des Dichters Johann Wolfgang Goethe. Neben Friedrich Schiller wird er als einer der wenigen Dichter angesehen, die aufgrund ihrer „künstlerische[n] Genialität" (Z. 12), das „hohe Ziel" der Klassik (Z. 10) erreichen konnten.

Dieses sehen die Autoren Hermann Glaser, Jakob Lehmann und Arno Lubos vor allem in dem „Bemühen um etwas Musterhaftes, Vorbildliches" (Z. 2 f.). Der Mensch wurde – laut ihrer Aussage – zur Zeit der Klassik als „höchstes der natürlichen Lebewesen" und „schöne Seele" (Z. 7–10) betrachtet, wobei die Fähigkeit, selbstbestimmt und ethisch zu handeln, als Nachweis der Gottähnlichkeit diente. Zudem entwickelten die Dichter der Klassik das Gedankengut vorheriger Epochen, Autoren und Philosophen – „den Entwicklungsgedanken Lessings, [...], das Harmoniestreben Wielands, den Irrationalismus Hamanns, das Schönheitsideal Winckelmanns, das Humanitätsbewusstsein Herders" (Z. 16–19) – weiter und verbanden deren Erkenntnisse zu einer Einheit. Zeitlos sei die Epoche durch das klare Aufzeigen des Menschlichen „in seiner Vollendung und Abgründigkeit" (Z. 22 f.) und durch ihr Ideal einer versöhnenden Humanität (vgl. Z. 26–29).

Im zweiten Sinnabschnitt wird die Entwicklung Goethes vom „Vorbild der Stürmer und Dränger" (Z. 32) zum Dichter der Klassik nachgezeichnet. Den Grund für diese „Wendung" Goethes (Z. 35), für die „Beruhigung seiner leidenschaftlich erregten Seele" (Z. 38 f.) sehen die Autoren in seiner beruflichen Entwicklung, im Amtsantritt in Weimar, in der Bekanntschaft mit Charlotte von Stein und vor allem in Erkenntnissen, die er in seiner Beschäftigung mit der Philosophie und Ethik Spinozas gewann (vgl. Z. 36–39).

Während er in seiner Sturm-und-Drang-Zeit noch das Wollen des Einzelnen zur Richtschnur für das Handeln verabsolutierte (vgl. Z. 41 f.) und die menschliche Natur als „titanisch, prometheisch, in Stolz und Trotz, als einmalig und grenzenlos ichbezogen" (Z. 44 ff.) ansah, veränderte sich sein Menschenbild in seiner Weimarer Zeit grundlegend. Goethe erkannte die grundlegende Bedeutung des Verstands für den Menschen (vgl. Z. 39 ff.). Das „gesetzmäßige Sollen" (Z. 42), die überindividuellen Pflichten, d. h. „Maß, Gesetz, Ordnung" (Z. 51) sowie das „Gebot der Humanität" (Z. 53), galten ihm nun als Voraussetzungen für das Leben in einer Gemeinschaft.

Humanität besitzt ein Mensch jedoch nicht, sondern sie ist in Goethes Augen „Ziel eines unermüdlichen Strebens [und] ständigen schweren Ringens" (Z. 54 ff.).

Von Bedeutung für die Erziehung des Menschen sind für ihn insbesondere drei wesentliche Gedanken: „die Idee der Schönheit [...], das Streben nach einer umfassenden Harmonie [...] und das Ziel der Sozietät" (Z. 59–62). Das „Gebot der Humanität" als ständiges Streben nach Wahrheit und verantwortlichem Handeln war für die Klassik ebenso zentral wie das Ideal der „schönen Seele", die sich bemüht, selbstbestimmt und ethisch zu handeln und den überindividuellen Gesetzen gerecht zu werden.

Das 1787 erschienene Schauspiel *Iphigenie auf Tauris* von Johann Wolfgang Goethe wird der Epoche der Klassik zugeordnet und spiegelt die im Text von Hermann Glaser, Jakob Lehmann und Arno Lubos genannten Ideale unter anderem in der Charakterisierung einzelner Figuren wider.

Iphigenie, die von ihrem Vater Agamemnon aufgrund eines Orakelspruchs geopfert werden sollte, ist von der Göttin Diana nach Tauris entrückt worden, wo sie als Priesterin in ihrem Heiligtum dient. Einen Heiratsantrag des Taurerkönigs Thoas hat sie ausgeschlagen, da sie die Hoffnung auf eine Rückkehr in die Heimat nicht aufgeben will. Verletzt durch diese Abweisung führt Thoas die Menschenopfer, die Iphigenie zuvor abgeschafft hatte, wieder ein. Die ersten Opfer sollen zwei Griechen sein, die am Strand festgenommen worden sind. Im Gespräch mit diesen stellt Iphigenie jedoch fest, dass es sich um ihren Bruder Orest und dessen Freund Pylades handelt, die nach Tauris aufgebrochen sind, um Orest, der seit der Tötung seiner Mutter von Erinnyen verfolgt wird, zu entsühnen. Das Orakel des Apoll versprach die Erlösung, wenn er die Schwester nach Delphi brächte. Die Tatsache, dass es sich bei dem zu Opfernden um ihren Bruder handelt, vergrößert Iphigenies Konflikt. So hat sie nicht nur Angst, ihre Hände mit Blut zu beflecken, sondern auch davor, den Tantalidenfluch weiterzuführen. Aus diesem Grund und auch wegen ihres Heimwehs geht sie auf den Fluchtplan des Pylades ein. Dieser verlangt von ihr, die Opferzeremonie unter dem Vorwand zu verzögern, das Götterbild reinigen zu müssen, da dieses vom schuldbeladenen Orest berührt worden sei. Da sie Thoas belügen soll, gerät Iphigenie in einen Gewissenskonflikt. Dies wird schon in ihrem Monolog deutlich, den sie unmittelbar vor dem vorliegenden Auftritt hält. Im weiteren Verlauf des Schauspiels wird ihr Ehrgefühl siegen, sie wird sich Thoas anvertrauen und ihm den Plan enthüllen. Dieser ist zunächst erzürnt, lässt die drei Griechen jedoch dann fahren, nachdem Iphigenie ihn an sein Versprechen, sie ziehen zu lassen, erinnert hat. Auch ist Orest zu der Erkenntnis gelangt, dass in dem Spruch Apolls mit „Schwester" Iphigenie und nicht das Bild Dianas gemeint sei – dass dieses somit auf Tauris verbleiben könne.

Im vierten Auftritt des vierten Aufzugs kommt Pylades, nachdem er seine griechischen Gefährten am Ufer wiedergefunden hat, zu Iphigenie, um sie und das Götterbild zu holen. Ausgelöst durch Iphigenies Zögern diskutieren beide über das weitere Vorgehen. Pylades erfährt zu seinem Entsetzen, dass Iphigenie zugesagt hat, auf die Reaktion des Königs zu warten, bevor sie die simulierte Entsühnungszeremonie beginnt. Rasch passt er den Plan an diese Wendung an und betont nochmals die günstigen Vorzeichen, die ihrem Fluchtplan Erfolg versprechen. Iphigenie äußert ihre Bedenken hinsichtlich des von ihr erwarteten Betrugs, den sie an ihrem „zweiten Vater" Thoas verüben soll. Pylades versucht, sie dagegen mit Argumenten davon zu überzeugen, den Fluchtplan fortzuführen.

Stets bedenkt Iphigenie bei ihrem Handeln nicht nur ihre Ziele (Rettung Orests, ihre Heimkehr), sondern auch die Folgen für andere, in diesem Fall den Vertrauensbruch an Thoas, dem sie sich verbunden fühlt, der ihr zum „zweite[n] Vater" (V. 1 641) geworden sei und der ihr Gutes getan (vgl. V. 1 644) habe.

Unehrlichkeit, List und Betrug – die Mittel des Pylades, der deswegen an einer Stelle im Schauspiel mit Odysseus verglichen wird – liegen ihr fern. Dies erkennt man an ihrem Einwand, ihr Amt als Priesterin habe sie nie als Vorwand genutzt (vgl. V. 1 582), und an ihren Gefühlen bei der Ausführung des Plans. So berichtet sie Pylades, sie habe Arkas alles so vermittelt, wie er es ihr „in den Mund gelegt" (V. 1 573 f.) habe. Mit dieser Metapher zeigt sie, dass sie nicht nach ihren Vorstellungen handelte, und stellt das Vorgehen infrage. Ähnlich deuten lässt sich der Vergleich ihrer Gefühle mit dem Verhalten einer Blume bei Sonnenschein und dem Auftritt von Wolken. Während die Verse 1 619 ff. „Vernehm ich dich, so wendet sich, [...] / Wie sich die Blume nach der Sonne wendet, / Die Seele, von dem Strahle deiner Worte / Getroffen, sich dem süßen Troste nach." noch darauf hinweisen, dass sie sich gerne durch Pylades' rhetorisches Geschick überreden lassen möchte, erkennt man anhand der Verse 1 635 ff., dass ihre Sorgen und ihr Gefühl der Dankbarkeit und Verantwortung den Taurern gegenüber überwiegen.

Pylades hingegen ist der Meinung, dass die Notsituation sowie das drohende Menschenopfer die Intrige rechtfertigen. Er drängt zur Eile (vgl. die Anapher in V. 1 560 ff.) und versucht alles, um Iphigenie zur Fortführung seines Plans zu bewegen.

Die Unterschiede in den Moral- und Wertvorstellungen der beiden Figuren Iphigenie und Pylades sind gravierend. Pylades ist in seinem Handeln zwar vorausschauend und nutzt bei seinen Planungen selbstbestimmt seinen Verstand, doch ist die Richtschnur seines Handelns allein sein Wille; überindividuelle Gestzmäßigkeiten oder Interessen anderer sind für ihn nicht von Bedeutung (vgl. den von ihm intendierten Diebstahl des Göttinnenbildes). Auch hält er List und Intrige für bewährte Mittel in der Not und für legitim, um kühne Taten zu vollbringen. Hierdurch wird er nicht dem Gebot der Humanität und dem Bild des Menschen als schöne Seele gerecht.

Iphigenie erfüllt hingegen diese Ansprüche. Zwar entwickelt sich ihre Humanität erst im Laufe des Stücks, doch bleibt diese stets das Ziel ihres Strebens. Interessen anderer und das Prinzip der Wahrheit behält sie durchgängig im Blick und ihre Autonomie nimmt im Handlungsverlauf immer mehr zu, was den versöhnlichen Schluss ermöglicht.

Musterklausur 2

Aufgaben zur Vorbereitung der 1. Teilaufgabe

1 • untersuchen: kriterienorientierte und aspektgeleitete Arbeit an Texten, ihren Aussagen und Problemstellungen

2 • Deutung von Goethes Iphigenie-Figur
• Iphigenies zeitgeschichtliche Bedeutung
• Iphigenies literaturgeschichtliche Bedeutung

3 Sie weisen nur auf Schwerpunkte hin.

4 In dem Sachtext *Klassisches Humanitätsideal: Goethes Iphigenie und ihr Nachhall*, veröffentlicht im Jahre 2006, stellt Stefan Matuschek die Besonderheiten, den Stellenwert und die Wirkung dieses Schauspiels dar.

5

	Zeilen	Überschrift
1	1–16	Einführung in die Entstehungsgeschichte und die Botschaft von Goethes *Iphigenie auf Tauris*
2	17–26	Änderungen Goethes gegenüber der mythischen Vorlage
3	26–31	Die politische Dimension des Schauspiels
4	31–48	Das philosophische Ideal individueller Freiheit und Selbstbestimmung und die idealisierte Antike
5	48–60	Die Schlüsselstellung der *Iphigenie* in der Weimarer Klassik

6 Stefan Matuschek begründet seine Bewertung der Iphigenie-Figur als „ethisches Ideal“ (Z. 10) damit, dass sie „die Selbstbestimmung und Selbstverantwortung des einzelnen Menschen“ (Z. 10 ff.) verkörpert. Befreit von religiöser und politischer Bevormundung trifft sie ihre Entscheidung, achtet hierbei jedoch auch auf die Interessen und Gefühle anderer und sucht deren Einverständnis (vgl. Z. 12–16).

7 Im Gegensatz zu dem Drama von Euripides kommt die Lösung in Goethes *Iphigenie auf Tauris* nicht durch eine Intrige oder eine Dea ex machina zustande, sondern durch Iphigenies „Offenheit gegenüber Thoas und ihr Vertrauen auf menschliches Verständnis und Einverständnis“ (Z. 19 ff.), also dank „menschliche[r] Selbstverantwortung“ (Z. 25).

8 Der „antireligiöse Impuls“ (Z. 23 f.) besteht darin, dass nicht mehr die Götter (bzw. Gott) für eine Lösung herangezogen werden müssen, sondern sich der Mensch selbst autonom in Eigenverantwortung entscheidet und handelt.

9 Eine „politische Dimension“ (Z. 26) hat Goethes Schauspiel insofern, als es den Absolutismus infrage stellt, indem Iphigenie die moralische Rechtfertigung des Herrschers einfordert.

10

zeit- / literaturgeschichtlicher Kontext	Bedeutung / Botschaft	erkennbare Einflüsse in „Iphigenie“
Aufklärung	Forderung individueller Freiheit und Selbstbestimmung (Z. 32 ff.)	Iphigenies Entwicklung zur Autonomie, erkennbar z. B. an ihrer Entscheidung gegen den Plan des Pylades
Graecophilie	die Antike als „Projektionsfläche der eigenen, gegenwärtigen Wunschvorstellungen“ (Z. 43 ff.)	Wahl eines antiken Mythos (der Tantalidenfluch, Iphigenie in Aulis/Iphigenie bei den Taurern) und dessen Veränderung im Sinne der Werte der eigenen Zeit, z. B. der Humanität
Weimarer Klassik	Humanitätsideal	Iphigenie als ethisches Ideal, das autonom und verantwortungsvoll handelt

11

Textstelle	sprachliches Mittel	Deutung
„Dieser Text ist bis heute ein Schulklassiker und bis heute eine unumgängliche Vorgabe für alle, die sich mit diesem Mythos befassen." (Z. 6 ff.)	Klimax	Aufzeigen des hohen Bildungswertes des Schauspiels
„‚Ein wildes Lied' nennt Thoas das, und das ist es nicht nur für ihn, sondern wohl für alle Ohren zur Zeit des Absolutismus, in der dieses Schauspiel entstand." (Z. 28 ff.)	Kommentar; pars pro toto	Aufzeigen des Revolutionären von Iphigenies Botschaft zur Zeit des Absolutismus
„kleidet er ein aktuelles philosophisches Ideal ins antike Gewand" (Z. 40 f.)	Metapher	die Philosophie der Aufklärung wird mithilfe des umgeschriebenen antiken Iphigenie-Mythos vermittelt
„[...] gewinnt diese Iphigenie eine Schlüsselstellung. Sie wird zu deren Herzstück, [...]" (Z. 51 ff.)	Klimax	Aufzeigen der zentralen Bedeutung des Schauspiels für die Epoche der Weimarer Klassik
„In dieser Funktion ist sie bewundernd erhoben, kritisch demontiert, immer wieder essayistisch und künstlerisch erörtert und verwandelt worden." (Z. 58 ff.)	Aufzählung	Aufzeigen der widersprüchlichen Bewertungen des Schauspiels

12 In den ersten Zeilen finden sich hauptsächlich kurze Hauptsätze. Und auch in den folgenden Ausführungen ab Zeile 9 zur Botschaft des Schauspiels und zu seiner Wirkung finden sich kaum komplexere Satzgefüge (z. B. Z. 26–28, Z. 37–41), hauptsächlich besteht der Text aus Satzreihen. Kausalsätze fehlen völlig. Dies zeigt, dass der Verfasser seine Thesen als Fakten darstellt, er sie jedoch weitgehend nicht belegt oder begründet.

Aufgaben zur Vorbereitung der 2. Teilaufgabe

1
- darstellen: strukturierte und fachsprachlich zutreffende Wiedergabe der Handlung unter Beachtung der Zusammenhänge und Problemstellungen
- überprüfen: Untersuchung von Thesen und der Argumentation auf der Basis eigener Kenntnisse; Formulierung von Ergebnissen
- Stellung nehmen: Formulierung einer eigenen Bewertung auf der Grundlage der fachlichen Kenntnisse und Ergebnisse

2 Das Schauspiel *Iphigenie auf Tauris* von Johann Wolfgang Goethe, dem Stefan Matuschek eine „Schlüsselstellung" in der Weimarer Klassik zuspricht und aus dem er philosophische und politische Botschaften herausliest, wurde 1787 erstmalig veröffentlicht: Es zeigt den Menschen zwischen der Determination durch das Schicksal und der Autonomie.

3

Exposition

Monolog Iphigenies, Priesterin der Diana, ca. 12 Jahre nach der Opferung durch ihren Vater; Heimweh

erregendes Moment

Iphigenie lehnt Heiratsantrag Thoas' ab (Erzählung des Tantalidenfluchs), Wiedereinführung der Menschenopfer, Auftritt der Gefangenen Orest und Pylades, die Orest durch Erfüllung eines Orakelspruchs von seinem Fatum erlösen wollen

Pylades' Gespräch mit Iphigenie über den Fall Trojas, die Ermordung Agamemnons; Orest gibt seine wahre Identität preis

Höhe-/ Wendepunkt

Orests Ohnmacht und Vision von der Unterwelt, Heilung – Pylades' Plan

erste Zweifel Iphigenies an dem Plan wegen der immanenten Täuschung Thoas'; Auftritt Arkas'; Iphigenies Lüge, das Götterbild reinigen zu müssen

retardierendes Moment

wachsende Zweifel Iphigenies; Versuch Pylades', sie zur Fortführung des Plans zu bewegen; Dilemma Iphigenies (Tod Orests – Verrat an Thoas/Verlust ihrer Werte), Anrufung der Götter

Lösung

Enttäuschung Thoas' über Iphigenies Wandlung, Selbstvorwürfe; Dialog Iphigenie – Thoas (Disput über Bräuche, Rechte, Despotismus); Entscheidung Iphigenies zur „unerhörten Tat"; Auftritt Orests: Gefahr des Zweikampfs; Lösung: Thoas lässt sie ziehen

4

These Stefan Matuscheks	Belege	Widerlegungen
der „Text, der für alle deutschsprachigen Leser oder Theaterbesucher die Iphigenie-Figur am stärksten geprägt hat" (Z. 1 ff.); „ein Schulklassiker" (Z. 7)	Thema des Zentralabiturs in NRW	
„Sie verkörpert ein ethisches Ideal: die Selbstbestimmung und Selbstverantwortung des einzelnen Menschen" (Z. 9–12) Befreiung „aus aller religiösen und auch politischen Bevormundung" (Z. 13 f.).	Entscheidung zur Wahrheit im Gespräch mit Thoas, hierdurch überwindet sie ein negatives Götterbild (Parzen) sowie den Fatumglauben und bleibt ihren Werten treu	
Iphigenie übt in ihrer neu erworbenen Freiheit „Rücksicht" und sucht „das Einverständnis des anderen" (Z. 15 f.).	Immer wieder bedenkt Iphigenie, welche Auswirkungen ihr Plan für Thoas und die Taurer haben wird; zudem möchte sie beim Abschied von Thoas die Hand gereicht bekommen (vgl. V. 2 172 f.)	Der Verzicht Thoas' auf alle seine Rechte und Wünsche wird in *Iphigenie auf Tauris* nicht thematisiert
Das Schauspiel hat eine „politische Dimension, wenn Iphigenie die fehlende moralische Rechenschaft des absoluten Herrschers anklagt" (Z. 26 ff.).	Nicht nur der Absolutismus wird, z. B. durch die Darstellung der Wiedereinführung der Menschenopfer – die selbst die Taurer ablehnen – kritisiert, sondern auch das Patriarchat (immer wieder wird die Geschlechterfrage aufgegriffen)	
Goethe knüpft mit seiner *Iphigenie* an die „europäisch[e] Aufklärungsphilosophie" an. (Z. 34)	Dies trifft zu, da Iphigenie im Laufe des Stücks immer mehr Autonomie gewinnt und sie sich somit im Sinne Kants aus der selbstverschuldeten Unmündigkeit herausbewegt und Verantwortung für ihr Tun übernimmt.	

These Stefan Matuscheks	Belege	Widerlegungen
Goethe idealisiert die Antike und macht sie „zur Projektionsfläche der eigenen, gegenwärtigen Wunschvorstellungen" (Z. 43 f.).	Goethe humanisiert Iphigenie nicht nur durch die Umgestaltung ihres Charakters (ehrlich, reflektiert) im Gegensatz zur Darstellung bei Euripides (listig, nutzt die Intrige zur Heimkehr); auch wird der gute Ausgang durch ihr Handeln und nicht durch eine Dea ex machina ermöglicht.	
Dem Schauspiel kommt eine „Schlüsselstellung" (Z. 52) in der Weimarer Klassik zu, es wird zum „Herzstück, zum klassischen Humanitätsideal" (Z. 53). „Iphigenie steht [...] für die Weimarer Klassik und deren humanistische Bildungsmission." (Z. 56 f.) (vgl. Z. 56–60)	Die Bedeutung des Stücks spiegelt sich in der regen Rezeption und literaturwissenschaftlichen Diskussion wider, vgl. die Texte im Kapitel „Rezeption und Aktualität".	

Fazit
Obwohl Stefan Matuschek seine Thesen weitgehend unbelegt und unbegründet lässt, sind sie fast durchgängig überzeugend und seine Position ist nachvollziehbar.

5 In dem Sachtext *Klassisches Humanitätsideal: Goethes Iphigenie und ihr Nachhall*, veröffentlicht im Jahre 2006, stellt Stefan Matuschek die Besonderheiten, den Stellenwert und die Wirkung dieses Schauspiels dar.
Der Text ist in fünf Sinnabschnitte unterteilbar. Im ersten Sinnabschnitt (Z. 1–16) führt der Autor in die Entstehungsgeschichte und die Botschaft von Goethes Schauspiel *Iphigenie auf Tauris* ein, danach geht er auf die Änderungen Goethes gegenüber der mythischen Vorlage, Euripides' Tragödie *Iphigenie bei den Taurern*, ein.
In den nächsten zwei Abschnitten gibt Matuschek eine Einschätzung der Bedeutung des Werks, indem er dem Schauspiel eine „politische Dimension" (Z. 26) zuschreibt und in ihm die Darstellung des philosophischen Ideals „von individueller Freiheit und Selbstbestimmung" in Form einer idealisierten Antike erkennt (vgl. Z. 32–48).
Der letzte Abschnitt (Z. 48–60) enthält Ausführungen zu der „Schlüsselstellung" der *Iphigenie* in der Klassik und hebt abschließend noch einmal den besonderen literarischen Wert dieses Werks hervor.
In seinem Text nennt Matuschek Iphigenie die Verkörperung eines „ethische[n] Ideal[s]" (Z. 10). Diese Klassifizierung begründet er damit, dass Iphigenie die individuelle Selbstbestimmung und Selbstverantwortung (vgl. Z. 10–12) verkörpert und, befreit von religiöser und politischer Bevormundung, eigene Entscheidungen trifft. Auch achte sie hierbei auf die Interessen und Gefühle anderer und suche deren Einverständnis (vgl. Z. 12–16).
Im Gegensatz zu dem Drama von Euripides komme die Lösung in Goethes *Iphigenie auf Tauris* nicht durch eine Intrige oder eine Dea ex machina – das Eingreifen einer Göttin – zustande, sondern durch Iphigenies „Offenheit gegenüber Thoas und ihr Vertrauen auf menschliches Verständnis und Einverständnis" (Z. 19 ff.), also aufgrund des eigenverantwortlichen Handelns eines Menschen (vgl. Z. 25). Diese Darstellung der Iphigenie knüpfe an die Philosophie der Aufklärung mit ihrer „Botschaft von individueller Freiheit und Selbstbestimmung" unter Beachtung der „Ordnungsbedürfnisse der Gemeinschaft" an (Z. 31–36) und übe zugleich Kritik am Absolutismus, in dem sich der Herrscher moralisch nicht rechtfertigen musste (vgl. Z. 26 ff.). Zudem zeige die Wahl eines Mythos aus der griechischen Antike, der als „Projektionsfläche der eigenen, gegenwärtigen Wunschvorstellungen" (Z. 43 f.) genutzt wurde, die Graecophilie der Zeit Goethes. Gemäß den Vorstellungen Winckelmanns habe Goethe diesen Mythos im Sinne der Werte der Klassik idealisiert. Dies sei besonders an der Charakterisierung Iphigenies und ihrer „unerhörten Tat" ersichtlich (vgl. Z. 37–45). Hierdurch sei Iphigenie zum „Herzstück, zum klassischen Humanitätsideal" (Z. 53) der Weimarer Klassik geworden – in der Rezeption bewundert, aber auch kritisiert.
Matuschek verwendet hauptsächlich kurze Hauptsätze und nur wenige komplexe Satzgefüge (z. B.: Z. 26–28, Z. 37–41), der Text besteht vorwiegend aus Satzreihen. Kausalsätze fehlen völlig. Dies zeigt, dass der Verfasser seine Thesen als Fakten darstellt,

er sie jedoch weitgehend nicht belegt oder begründet.

Zudem spiegelt sich seine positive Bewertung des Schauspiels und der Iphigenie in vielen Formulierungen wider (z. B.: Z. 10: „ethisches Ideal“, Z. 53: „Herzstück“).

Das Schauspiel *Iphigenie auf Tauris* von Johann Wolfgang Goethe, dem Stefan Matuschek eine „Schlüsselstellung“ in der Weimarer Klassik zuspricht, wurde 1787 erstmalig veröffentlicht. Es zeigt den Menschen zwischen Determination durch das Schicksal und autonomem Handeln.

Hauptfigur in Goethes Schauspiel *Iphigenie auf Tauris* ist Agamemnons gleichnamige Tochter, die seit über zwölf Jahren als Priesterin Dianas auf Tauris lebt. Ihr Vater war einst durch ein Orakel gezwungen worden, sie der Göttin als Opfer darzubringen, jedoch rettete sie Diana vom Opferaltar und entrückte sie nach Tauris. Ihr Amt versieht Iphigenie allerdings nur widerwillig, da sie sich nach Griechenland zurücksehnt. Als der Taurerkönig Thoas ihr einen Heiratsantrag macht, lehnt sie ab, um sich nicht die Möglichkeit, nach Hause und zu ihrer Familie zurückzukehren, zu nehmen. Um ihre Weigerung zu begründen, erzählt sie ihm von dem auf ihr lastenden Fatum, dem Tantalidenfluch. Nachdem ihr Vorfahr durch Hybris die Götter gereizt hat, lastet auf allen seinen Nachkommen dieser Fluch, sodass Gewalt und Gegengewalt die Familiengeschichte prägen. Verletzt durch die Abweisung seines Antrags führt Thoas die Menschenopfer für Diana, die Iphigenie abgeschafft hatte, wieder ein. Die ersten Opfer sollen zwei Griechen sein, die am Strand festgenommen worden sind. Im Gespräch mit diesen stellt Iphigenie jedoch fest, dass es sich dabei um ihren Bruder Orest und dessen Freund Pylades handelt. Sie waren nach Tauris aufgebrochen, um Orest, der seit der Tötung seiner Mutter von Erinnyen verfolgt wird, von dem auch auf ihm lastenden Fluch zu befreien. Das Orakel des Apoll hat ihnen Erlösung versprochen, wenn sie die Schwester nach Delphi brächten. Höhe- und Wendepunkt des Stücks ist Orests Vision von der Unterwelt, bei der er erkennt, dass die Erbschuld im Gegensatz zur Urschuld des Tantalus im Tartaros endet. Nach dieser Katharsis ist Orest geheilt und erkennt in Iphigenie seine Schwester. Pylades entwickelt daraufhin für alle drei einen Fluchtplan, der auch den Raub des Götterbildes einschließt. Obwohl Iphigenie Bedenken hat, spielt sie mit und gibt gegenüber Arkas vor, dass sie vor der Opferung der beiden Griechen noch das Götterbild im Meer reinigen müsse, da dieses vom schuldbeladenen Orest berührt und entheiligt worden sei. Hierdurch verzögert sich die Opferzeremonie, sie gewinnen Zeit für die Flucht und den Diebstahl des Bildes.

Arkas und Thoas erscheint Iphigenies Verhalten verdächtig, während sie selbst Schuldgefühle gegenüber den Taurern bekommt. Sie gerät in einen Gewissenskonflikt, aus dem sie auch Pylades' Argumente nicht befreien können. Im weiteren Verlauf des Schauspiels wird Iphigenies Ehrgefühl siegen, sie wird sich Thoas anvertrauen und ihm den Plan offenbaren. Der König ist zunächst erzürnt, lässt die drei Griechen jedoch nach Griechenland zurückkehren, als Iphigenie ihn an das ihr gegebene Wort erinnert, sie freizugeben, wenn sich eine Gelegenheit, nach Hause zurückzukehren, böte. Zudem hat Orest erkannt, dass in dem Spruch Apolls mit „Schwester“ Iphigenie und nicht das Bild Dianas gemeint ist – dieses somit auf Tauris verbleiben kann.

Zentrale Aspekte des Schauspiels sind Iphigenies Entwicklung zum selbstbestimmten und eigenverantwortlichen Handeln und ihre Entscheidung zur Wahrheit. Stefan Matuschek zufolge verkörpert sie damit „ein ethisches Ideal: die Selbstbestimmung und Selbstverantwortung des einzelnen Menschen“ (Z. 10 ff.), der sich von „aller religiösen und auch politischen Bevormundung“ (Z. 13 f.) befreit hat. Diese Bewertung kann anhand des Dramas nachgewiesen werden. So entscheidet sich Iphigenie am Ende des Stücks zur Aufdeckung der Intrige und für den Weg der Ehrlichkeit. Hierdurch löst sie sich nicht nur von Pylades' Vorgaben, sondern auch von dem Glauben an eine Determination durch die Götter. Durch ihre Entscheidung, die sie gemäß ihrer Werte alleine trifft, bewahrt sie sich ihr positives Götterbild. Iphigenies Ausgang aus ihrer Unmündigkeit belegt zudem, dass Goethe mit seiner Darstellung an die „europäische Aufklärungsphilosophie“ (Z. 34) anknüpft.

Ethisch vorbildlich handelt Iphigenie, indem sie bei ihren Entscheidungen stets Rücksicht auf andere nimmt (vgl. ihre Bedenken, Thoas zu hintergehen, oder ihre Furcht, durch ihre „unerhörte Tat“ ihren Bruder und Pylades in Gefahr gebracht zu haben). Zudem sucht sie „das Einverständnis des anderen“ (Z. 16), so im Gespräch mit Pylades über ihre Skrupel, die Taurer zu täuschen (IV,4), oder in ihrem Dialog mit Thoas, in dem sie sich für die Wahrheit entscheidet (V,3). In beiden Fällen will sie ihr Gegenüber durch Argumente überzeugen. Sogar am Schluss des Dramas möchte sie sich, bevor sie Tauris verlässt, von Thoas als Zeichen seines Einverständnisses mit Handschlag verabschieden (vgl. V. 2 172 f.). Die „politische Dimension", auf die Stefan Matuschek hinweist, zeigt sich im Drama nicht nur dann, „wenn Iphigenie die fehlende moralische Rechenschaft des absoluten Herrschers anklagt" (Z. 26–28, vgl. V. 1 810 ff.), sondern auch in der Thematisierung der ungleichen Stellung von Mann und Frau (z. B.: V. 24–32) als Kritik am Patriarchat.

All diese damals aktuellen Aussagen artikuliert Goethe mithilfe einer Neudeutung des antiken Mythos. Der veränderte Ausgang des Dramas, der Wegfall der Dea ex machina, verrät, dass er die Antike idealisiert (vgl. Z. 41 ff.) und auf sie die Ideale seiner Zeit, wie z. B. die Humanität, projiziert (vgl. Z. 43–45).

Und der Gehalt des Dramas hat bis heute nichts von seiner Aussagekraft verloren. Die intensive Rezeption des Stücks belegt, dass ihm wirklich eine „Schlüsselstellung" (Z. 52) in der Weimarer Klassik zukommt. Neben zahlreichen positiven Urteilen gibt es jedoch auch andere Stimmen – wie z. B. Ortrud Gutjahr, die die fehlenden Emotionen der Figur Iphigenie kritisiert, oder Theodor W. Adorno, der das Ende des Stücks und die Darstellung des Thoas hinterfragt hat (vgl. Stefan Matuscheks Aussage: Sie ist „bewundernd erhoben, kritisch demontiert, immer wieder essayistisch und künstlerisch erörtert und verwandelt worden.", Z. 58 ff.).

Da das Schauspiel zur Zeit zu den aktuellen Vorgaben im Zentralabitur in Nordrhein-Westfalen gehört, bestätigt sich auch Stefan Matuscheks Einschätzung, dass dieser „Text, der für alle deutschsprachigen Leser oder Theaterbesucher die Iphigenie-Figur am stärksten geprägt hat" (Z. 1–3) „ein Schulklassiker" (Z. 7) ist.

Als Fazit der Ergebnisse kann festgestellt werden, dass Stefan Matuscheks Thesen – obwohl er sie weitgehend unbelegt und unbegründet lässt – überzeugen und seine Position nachvollziehbar ist.